心一堂術數古籍珍本叢刊

書名：《地理辨正集註》附《六法金鎖秘》《巒頭指迷真詮》《作法雜綴》等（三）
系列：心一堂術數古籍珍本叢刊 第二輯 堪輿類 213
作者：【清】蔣大鴻 等原著 【清】尋緣居士 輯
主編、責任編輯：陳劍聰
心一堂術數古籍珍本叢刊編校小組：陳劍聰 素聞 鄒偉才 虛白盧主

出版：心一堂有限公司
通訊地址：香港九龍旺角彌敦道六一〇號荷李活商業中心十八樓〇五—〇六室
深港讀者服務中心．中國深圳市羅湖區立新路六號羅湖商業大廈負一層〇〇八室
電話號碼：(852)67150840
網址：publish.sunyata.cc
電郵：sunyatabook@gmail.com
網店：http://book.sunyata.cc
淘寶店地址：https://shop210782774.taobao.com
微店地址：https://weidian.com/s/1212826297
臉書：https://www.facebook.com/sunyatabook
讀者論壇：http://bbs.sunyata.cc/

版次：二零一八年九月初版
平裝：五冊不分售

定價：港幣 一千二百八十元正
新台幣 四千九百八十元正

國際書號：ISBN 978-988-8266-54-8

香港發行：香港聯合書刊物流有限公司
地址：香港新界大埔汀麗路36號中華商務印刷大廈3樓
電話號碼：(852)2150-2100
傳真號碼：(852)2407-3062
電郵：info@suplogistics.com.hk

台灣發行：秀威資訊科技股份有限公司
地址：台灣台北市內湖區瑞光路七十六巷六十五號一樓
電話號碼：+886-2-2796-3638
傳真號碼：+886-2-2796-1377
網絡書店：www.bodbooks.com.tw
台灣國家書店讀者服務中心：
地址：台灣台北市中山區松江路二〇九號一樓
電話號碼：+886-2-2518-0207
傳真號碼：+886-2-2518-0778
網絡書店：http://www.govbooks.com.tw

中國大陸發行 零售：深圳心一堂文化傳播有限公司
深圳地址：深圳市羅湖區立新路六號羅湖商業大廈負一層〇〇八室
電話號碼：(86)0755-82224934

心一堂微店二維碼

心一堂淘寶店二維碼

都天寶照經　唐楊益筠松著

上篇

傳與妙應不多言實寶作家傳人生禍福由天定賢達能安命貧賤安墳富貴興全憑龍穴真龍在山中不出山掛在大山間若是沙曲星辰正收得陽神定斷然一葬便興隆父發子傳榮

蔣氏曰此一節專論深山出脈老龍幹氣生出嫩支之穴

直解此節論深山老龍幹氣專取嫩支之法謂既得嫩枝再求真穴情形再看主山端正峯巒秀美

神氣充足砂水朝歸再兼用法處處得宜自有一
葬便與之應龍在山中不出山掛在大山間者此
言老幹抽出嫩枝之情狀也
一句子曰龍在山中不出山掛在大山間一掛字有
破空而下之勢有得窠而棲之意有旁礴而踞之狀
卽愚四秘全書第一函首篇一線之脈如絲如帶之
意也

好龍脫刼出平洋百十里來長離祖離宗星辰出此是
眞龍骨前途節節出兒孫文武脈中分直出大溪方住
手諸山皆不走個個回頭向穴前城郭要周完水口亂

石堆水中此地出豪雄若得遠來龍脫刼發福無休歇
穴見陽神三摺朝此地出官僚不問三男并五子富貴
房房起津湖溪澗同此看衣祿榮華斷大水大河齊到
處千里來龍住水口羅星鎖住門似大將屯軍落頭定
有一星形非火土卽金正脈落平三五里見水方能止
二水相交不用砂只要石如麻更看硤石高山鎖密密
來包裸此是軍州大地形細說與君聽
蔣氏曰此一節專言大幹傳變行龍盡結之穴謂之
脫刼龍又名出洋龍雖云城郭要周完總之城郭都
在龍身上見不必於穴上見蓋龍到脫刼出洋雖衆

山擁衛而行前數節輦支翼張羽儀簇簇至於幾經脫卸之後近身數節將結穴時龍之蹤跡愈變而龍之機勢愈疾此非左右二砂所能幾及往往龍只單行譬之大將匹馬單刀所向無前一時偏裨小校都追從不及所以有不用砂之說也高山不重水獨此等龍穴以水為證者何也山剛水柔水隨山之行以為行山不隨水之止以為止而云直見大溪方住者非謂山脈遇水而止也正因山脈行時水不得不與之俱行則山脈息時水不得不與之俱息故幹龍大盡之地自然兩水交環有似乎千里來龍遇水而止

也既云不用砂而又云密密包裸者何也夫結穴之處雖不取必於兩砂兜抱要之眞龍憩息之際定不孤行外纏夾輔隱隱相從水口星辰有時出現大爲硤石小爲羅星近在數里遠之二三十里皆不可拘前所謂砂指本身龍虎而言後所謂鎖指外護捍門而言也只要石如麻則不止謂水口而已正言本身結穴之地蓋幹龍剝換數十節其渡水崩洪穿田過峽不止一處若非石骨龍行何以見眞龍結體今人於平地墩阜悞認來龍指爲大地正坐此弊也凡去山數里卽有高阜或由人工或出天造既無眞脈相

連又不見石骨稜起總不謂之龍穴所以落平之龍重起星辰必要石如麻也有石脈乃爲眞龍有石穴乃爲眞穴山龍五星皆結穴其云落頭一星獨取火土金者大約近祖支龍蜿蜒而下都結水木出洋幹結踴躍而起都作火土金雖不可盡拘而大體有如是者前章一葬便興必發子榮是言山中支結龍穉而局窄往往易發此章言發福無休歇五子房房起是言出洋大盡龍老而局寛往往遲發而久長意在言表也

姜氏曰前章言山谷初落之穴此言出洋盡結之穴

山龍之法雖不盡於此而大畧已備於此矣
同治五年小子金龍自常山過杭州接余歸家寓於李氏家塾見案上有辨正一書內有姚氏再辨自首至尾逐一改正中間所載姚氏習地來源亦錄於後
其文曰銘習地理蒙先大父彩章公遺有山龍秘書家伯開箱授讀耳提面命之下豁然有得歷覆名墓一一相符夫山龍之法實形實用穴向可以預定其作法易於水龍水龍空中着眼若不得訣起星下卦無從着摸終身只作門外漢耳茲將山龍約畧言之其訣首論出脈以分幹枝次分老嫩以辨起止其起

也必有天弧天用之照照有正面側面之分其止也一點靈光逈與眾山異乃爲龍眞穴的溯其脈之初起非火即金蓋以金剛火烈風不能撓水不能刼其勢如火之燄如雲之興如浪之湧其發足也若萬馬之奔馳像驚蛇之亂攛諸山擁簇羣峯翼衛竟有不可止之狀故曰脫刼然其出脈有陰有陽蟬翼鰕鬚皆屬八字之別名吳公云那枝虛花那枝實只在出脈陰陽別貫頂飽面陰死脈只作應樂羅城列龍之尊貴全在帳幕愈多愈美龍不入帳貴不入相其帳有初次末之分初帳爲祖次帳爲宗末帳爲儲命觀

其儲命可知貴賤以下起峯則為龍樓寶殿寶殿之下出脈分枝則為枝龍枝有枝結又有側出閃落乃為偷結閃有閃結龍側龍脊亦結掛穴必度其情未可妄扦出身行度猛而且疾一有降勢或崩洪渡水無水之處必然跌斷多斷固佳深斷尤佳斷之里數不定觀其起伏何如伏而即起起而即伏是為斷了斷又名亂了亂決非虛花之龍再起周正高峯名曰間星不甚高大者乃為間氣有間必然轉折而行若斷處無峯仍是遊龍開弓轉身謂之金牛轉車又為翻弓勒馬有此轉身龍乃有力轉身之後又起一峯

是爲父母龍行至此剝換幾經脫卸幾經其勢已緩其殺已淨一起一伏多是蜂腰鶴膝若斷處有蜂腰之束舒處有鶴膝之放則龍將止矣察其過峽有長短整斷土石之分又有天罡孤曜掃蕩金水燥火金土日月等類護峽非諸星全夾得其一二亦可若無夾峽必須另起星辰乃可尋穴若有蜿蜒頓跌之形則龍將落而穴不遠矣若出洋之龍山麓者少落平者多其落平每隱其狀多出蛛絲馬跡拋梭走馬螺蚌蘆鞭飛帛仙帶之格其穴多是翻身廻結順結者少有憑有據乃可下手如形未止情意不顧縱有水

界亦恐非眞穴有四象四落其脈不同其結亦異脈有陽落陰落之分結有正體變體之異星有金木水火土體有坐立眠側倚結有橫直廻飛潛之格葬有浮沉呑吐拋之法如或來龍脈大定結奇穴或是無龍無虎甚至案官俱無如果龍眞穴的不在四獸有無形象雖拙其內自有肌理剎開另有扦法不可拘拘於一格也凡是奇穴其砂不一或有齊拘者或有順逆者或有邊有邊無者或有一明一暗者又有兩砂齊逆者兩砂齊順者皆由五星變化之不同也此等幹龍石穴者多太極暈者少其穴多有枕棺石龍

口石內龍內虎石砂有此則眞無此則假今人凡見
四面青石湊云石棺此乃石坑斷不可下譬之石上
栽物豈有生發耶欲識穴之眞假先詳星辰傳變或
是水木傳金或是日月傳土金傳孤曜水傳掃蕩燥
火傳土蕩金傳金傳變不一難以悉名既知傳變乃
悉形象卽望龍經所云貪狼不變穴乳頭巨門不變
尋乳毬祿存不變梳齒樣廉貞不變犁鏵頭文曲不
變落平地破軍不變戈與矛輔弼燕窠武曲鉗變與
不變宜精求凡追龍尋穴所重者貼體星辰所喜者
本身蟬翼全在情意眞假不在形象美惡故觀形象

者得其皮毛觀情意者得其骨髓龍有陰陽乃有變化穴有陰陽乃能止氣脈大星粗四象多隱脈細星秀四象多明不識其中妙理扦穴焉能得其眞僞哉詳其眞僞惟在認龍認砂分枝分幹分陰分陽是龍背向天是砂背向邀陽來宜陰收陰來宜陽收側來多正落正來多側落知此尋龍扦穴自然得心應手至於水中羅星又名金丹逆水龍金丹城內泊順水龍金丹城外鑰或全石或渾土亦有土石相兼者或挺立水中或眠伏田畔可方可圓有斜有正離穴遠近難以預定穴外城郭亦宜分辨有內護有外護以

及旗鼓誥誥天馬榜山金童玉女諸砂貴証也有後
龍自帶也有他山另成穴內關城必有應星俗師不
知誤作羅星看之殊屬可笑若夫地之大小發之遠
近惟在枝幹貴賤長短老嫩辨別難穴法不同而龍
體亦異凡屬奇形怪穴多是天罡孤曜掃蕩燥火廉
貞貫頂飽面出脈形多醜陋不入俗眼大地每出於
此豈知妙在其內故有上山下山之蛇上水下水之
龜切宜留殺作証去殺則少威權神而明之存乎其
人近日屋裡先生看書了然登山茫然觀其扦穴一
味言形說象來去尚且未曉言文論武盲猜瞎許叩

其結地穴法竟在夢中未醒此篇言雖簡約盡是山龍妙訣人能悟此勝看他書多部矣

楊公水龍經　此經大鴻蔣氏尋訪十年始獲

山龍以山爲龍水龍以水爲龍三吳諸郡枝濱交流一圩之地不過里許前賢謂水爲龍相水認砂正此意也葬得眞穴富貴悠長經云江南大地無龍虎渺渺歸何處東西只把水爲龍葬下發三公萬里無山英雄迭出其貴在水蓋其地近海通潮或時潮來或時潮去來口便是去口去口便是來口兩頭交媾爲交精潮退回分爲乳陰妙處在乎潭漩生活喜其支

玄潭漩聚精神百倍之玄現變化無窮屈曲來潮不論大河小澗遶流曲抱無分江海池塘經云地道剛柔神變化眾流聚處引玄機小水聚多而愈妙直流雖大不為奇內直外鈎多巧結內鈎外直枉心機橫過抱身為抱局對面曲朝是迎神進局入懷要兩邊之抱應流來入股須面畔以包藏前後特秀即為華蓋附身交合便是金魚兩溪合局是朝生二派交流為合脚六建四邊皆護衛三陽當面以趨迎金魚腰帶抱我彎環弓局天虹當面纏繞上下水朝號為雌雄兩感護身方正即為華蓋幞頭裸局枝濱奇特隨

手榮華串珠垂乳源頭卽時富貴獻誥水而英雄三
世藏秀局而富貴千秋乂水無纏而驟發迎神得秀
以綿長四龍戲珠大富大貴四面環繞得元得連交
歛合流生武職催官盤繞出文臣左水仙宮俱富貴
蓮花垂仰定陰陽勢若踴毬須得趣形如飛鳳負宜
長仙掌撫琴登甲第捲簾殿試擢巍科一水曲小盤
蛇局兩濱正抱是開弓美女獻羞生秀氣排衙形局
出官僚太極兩源蔭秀貴蝦公百足出英雄蝦局富
而雄豪金城貴而長遠高朝局久則出姓翻花形一
發便休草露珠而垂尾泉尾尖則葬節順風船穴宜

居中船大則榮華富貴捲簾水定當入贅水大則孤寡貧窮舞旗脚轉乃可剪裁風吹羅帶發福綿長伏蔭金魚先富饒而後貴插花垂帶始馳名而終豐衣食從容進局入懷發福遠大穴坐壬山金鈎宜有刺朝元水要多裸局濶大而不散縣夾而有情曰字局有吉凶鞋城格分眞僞盤中局式盤中取虹食彩霞虹處圖擎傘水扦垂尾龜紋局取中尋枝帶認其水勢棋盤獨點將軍雙龍戲珠合陰陽一水垂絲釣裡扦四水歸朝防散亂聚堂旺局忌乘風砂水相關眞妙局回龍顧祖巧形模裸局砂水排牙生蛇朝聚多

情蛛絲聚布聚處可點重抱盤旋水多愈久中軍垂
乳有外抱則財祿榮昌四水歸堂得秀朝則累科貴
顯四勢不流元氣聚彎弓一抱福天然横官龍形生
顯貴借合穿龍發財源出水蓮巧而生秀流帶局括
動爲榮蓮花局取緊小垂節勢欲多枝生蕊靈芝之蕊
多爲妙阜原轉結聚處最奇來長去短福蔭無疆來
小去大凶禍立至屈曲盤旋富貴不替牝牡華蕊文
武全才大抵來宜屈曲去喜之玄急流者易於興敗
凝聚者福壽綿長水口交鎖織結雖順亦佳局內穿
割尖射繼逆非福此卷龍經理法最微不特知之者

鮮而講之者亦少矣

點穴秘訣

山昂局窄高處點四畔平和低處扦砂局均匀中正作邊寬邊緊穴當偏水斜山亂窩中隱樂空下斷定翻身有來有去尋結局山窮水盡向腰尋四山高逼穴易壓嶺上尋踪四畔低曠穴兆露麓下留情左高而壓穴尋右右高而壓穴尋左前逼而穴宜趨後後逼而穴宜趨前任我退移隨吾進退或近壓而遠秀或內瀉而外收穴須高取而論週圍或遠粗而近秀或外窄而內寬法須低藏而求窩聚四處圍彎宜識

穿弓而架箭眾山粗雜須知移步以換形山水兩住
局罕有官祿兩就法須知倚山不如水之有情祿當
就則就之如水不如山之秀拱官當迎則迎之來脈
若天然休貪朝秀而悞轉過水如弓返喜得砂蔽以
深藏眾大取細如室女而不露眾頑取特須鷄羣而
鶴立坐忌空不忌短此論常理豈可執於翻身迴結
之局山直來穴橫收多犯眾忌彼惡知乎脫龍就局
之權勢逆砂順誰識離鄉堪取貴水潮沙抱須知此
地好救貧三山齊來望縮藏以㸃穴諸脈亂出有跌
斷者是眞龍山川之變態不一咫尺之轉移頓殊或

低視而醜或高視而好或左視而妍或右視而媸秀
氣在下點高則否情意偏右扦左則飛觀此可以得
其大畧矣
六圖氏云不患無星所患無穴不患無穴所患不
眞穴如何眞龍眞乃眞有星有穴龍脈貫穿却不
在此眞而不眞穴如何眞砂眞乃眞有星有穴四
勢無情掉運不動眞而不眞穴如何眞案眞乃眞
如有眞案必有眞穴案偏案走不肯就手眞而不
眞穴如何眞朝眞乃眞凡是眞龍必有對將朝山
背側或自飛去眞而不眞穴如何眞城眞乃眞適

當破城眞而不眞穴如何眞藏風乃眞穴有風煞眞而不眞穴如何眞水眞乃眞水不合法禛䯄

平洋認龍點穴訣

龍落平陽渺渺茫茫其中行度轉折旣無大頓小伏之形勢又少秀麗聳拔之峯巒細察陇陇隆隆擺折高低其高一尺卽爲起低一尺卽爲伏高一寸卽是山低一寸卽是水如此體段最難捉摸非心靈目巧者不能辨也觀其起止全憑於水水向東行則龍亦東行水向西行則龍亦西行隨水轉折水行則龍行水止則龍止此其大畧也至於水鄉之地離祖已遠

實與近山不同片片段段逐浪隨波如氈之鋪如席之展不知孰爲背面孰爲主從何處過峽何處入手兜衿何在朝案何在如此山水奚所憑據然一方自有一方之祖宗一處自有一處之城垣審其源頭水尾便知祖宗來脈察其何處分枝何處入手水自何處合砂自何處交次看隨龍水趨於何處護穴砂抱於何處其砂水有情處是眞龍無情處是荒山務要節節詳審方不錯事若見兩濱對消形如八字無扯洩反逆者此眞龍過峽也其峽秀麗其脈中出則龍愈貴過峽處橫開大帳入手處水秀砂明此大貴之

地也而過峽處亦要兩邊有夾從若無夾從則收風吹水刼斷不結地亦有崩洪渡水而過者其起止更難測蓋眞脈崩洪渡水左右必有護砂扛送其脊必高其底必硬識得眞脈再審入首果是眞龍結穴兩股兜濱之水必界於穴前穴下必有小堂左右送龍大水交合於穴前外堂橫攔曲水灣環向穴四圍護砂回頭駐劄左砂向右右砂向左恰似貴人坐堂大將登壇四神八將無不護衛此天然之穴也或有大塊蠻皮入手不分界限者則尋其低田小堂有小堂即以小堂定穴或是氣歸角上或是氣臨弦出只有

一邊界脈外借隨龍水爲界者即於角弦處扦之或有平田圩頭一望無際四面各有分氣各有界水扦氣扦脈皆可發福惟來龍一邊生氣不住之所則不可扦或有龍自前來而局面即開於前者則用倒騎之法扦之總以外陽大水注蓄爲貴否則財祿不聚亦有穴結於中而餘氣滔滔不止者須審砂水有情之處生氣止蓄之所則用順騎之法扦之亦宜前山廻轉爲我作案者爲貴必要龍水交會否則乃過龍也斷不可扦又有水曲而結蟠龍穴者又有順龍而結回龍穴者亦有兩水夾送而結順局之穴者或衆

大特小眾小特大散中取聚聚中取散直來橫落橫來直落正中取偏偏中取正種種法門不外乘其生氣以爲定穴之所耳夫平洋之地察其情性審其向背看其陰陽如或形如仰掌乃陽氣有餘而陰氣不足也到頭微起陰星卽扦於陰此陽來陰受之法也否則獨陽不長豈可下手卽或砂水有情不過暫時溫飽隨卽敗絕矣故郭景純云隱隱隆隆吉在其中此之謂也張子微曰平陽穴場漸低漸下葬之亦絕卜應天曰平陽一突最爲奇亦是陽中取陰也俗師每在泥水坑邊扦穴乃是陽中求陽焉有不敗之理

八行下刊落十四字玆特補上逆水者要有近案否則當面直冲矣順水者要有交牙否則雌雄不交矣

平又曰平陽得水爲先而得水亦自有法有以遠水爲得水者有以近水爲得水者有以逆水爲得水者有以順水爲得水者有以近大水爲得水者有以近小水爲得水者此數者皆非得水也何爲得水蓋天地之理無太過亦無不及惟以中和之氣爲貴故近水者貴有餘氣否則割脚矣遠水者明堂要低否則氣散矣近大水者穴宜退後否則蕩胸矣近小水者穴宜扦出否則水不收矣逆水者要有交牙否則雌雄不交矣故逆水當朝之地務要之玄曲折直如箭者非也橫水過堂之地欲其環抱如帶硬如絃者亦

非也大水奔逐不滙聚者亦非也小水條條直出而不纏繞者亦非也其餘十字交劍反弓斜飛捲簾破城來小去大分流穿脈彼深我淺內聚外散色濁味酸穿胸射脅蕩背割肩蛟潭龍湫悲鳴喘急諸般凶格皆宜避之穴藏既定不犯諸忌審其去來兩口方可立向消納收來水於生旺放去水於休囚左襟仙師曰認水立向有此吉彼凶之應驗三合聯珠實兆瑞迎祥之妙用神而明之存乎人耳

金龍氏識

直解上節言老龍幹枝此節言出洋盡結大凡龍

氣落平穿江渡河脫卸淨盡再起星峯者謂之脫
刼又名出洋氣勢踴躍千變無窮難以言狀只可
言其大概情形耳
一勺子曰支龍緊小龍穉局窄取効極速出洋大盡
龍老局寬取効畧緩此山家不易定論個個回頭向
穴前向穴即是城郭蔣云於龍上見不必於穴上見
切勿悞會當細看似大將屯軍句及羅星硤石密密
包裸石如麻意也
天下軍州總任空何曾撐着後頭龍只向水神朝處取
莫說後無主立穴動靜中間求須看龍到頭

蔣氏曰此節以下皆發明平洋龍格與山龍無涉矣楊公唐末人唐之言軍州猶今之言郡縣也蓋以軍州爲証見城邑鄉村人家墓宅凡落平洋並不論後龍來脈但取水神朝繞便爲眞龍憩息之鄉夫地靜物也水動物也水之所止即是地脈所鍾一動一靜之間陰陽交媾雌雄牝牡化育萬物之源所謂元竅相通即丹家元關一竅也此便是龍之到頭非舍陰陽交會之所而別尋龍之到頭也識得此竅則知平洋眞龍訣法而楊公寶照之秘旨盡矣

看龍到頭有口訣

平洋之貴貴於後空水纏元武故後空耳以動配靜乃合眞陰眞陽之交媾沖和之氣由斯而貫一點脂膏是爲天地精華是爲陰陽妙液是爲源頭星辰是爲已身託命聚四勢八方之精氣收千流萬派之血脉雌雄合化生生不已其云龍到頭者乃平洋之眞訣於戲青囊三卷八卦五行元空大卦盡於後空之妙矣

直解動靜二字其說有三一山形水勢有陰陽動靜之分一干支卦位有陰陽動靜之分一天主動地主靜天地有陰陽動靜之分天主動卽其至動

之中亦有四時往來陰陽動靜之分地主靜即其至靜之中亦有起伏行止陰陽動靜之分天以靜而生地以動而成曉得至動之中有靜至靜之中有動看龍到頭之法過半矣立穴之法亦過半矣所云到頭者非山之到頭又非水之到頭正謂元空生旺到水謂之到頭也此到頭二字乃空龍之妙訣當默默識之得隨時變易顛倒無定者謂之動止蓄團聚干支純粹者謂之靜靜者安定於下動者流行於上觀其靜與動氣與質相配相合之處便是到頭　註云另有口訣大畧如此

一句子曰一山上聳地之上入於天陰交陽也一河下陷天之下入於地陽交陰也高山之龍四旁空多宜取平實故後面與左右喜包抱平洋之龍四旁實多宜用夫空故後面與左右喜低界葢平洋一片若無空界則陽不交陰為死土矣山龍高出無纏護則陰不交陽為死山矣故平洋土靜以低界為動而龍到高山脈動以抱護為靜而龍到一動一靜互為其根而陰交陽合之境所謂龍到頭之訣開眼即覩矣

楊公妙訣無多說因見黃公心性拙全憑掌上起星辰類聚裝成為妙訣大山喚作破軍星五星所聚脈難分

但看出身一路脈到頭要分水土金又從分水脈脊處便把羅經照出路節節同行過峽眞前去必定有好處子字出脈子字尋莫教差錯丑與壬若是陽差與陰錯勸君不必費心尋

蔣氏曰自此章以下皆楊公平洋秘訣字字血脈而又字字隱謎非眞得口口相傳天機鈐訣者未許執語言文字方寸羅經而妄談二十四山八卦九星之理也苟得口傳心受則雖愚夫穉子可悟楊公心訣不得口傳心受縱智過千夫讀破萬卷何能道隻字耶此書乃楊公當日裝成掌訣傳於黃居士妙應者

大山喚作破軍星言水法渙散迷茫之處五星混雜出脈未見分明概名之曰破軍而不入龍格只取龍神一路出身之脈其脈又分水土金三星合貪巨武爲吉而餘星皆所不取此三星者乃形局之星非卦爻方位之貪巨武也學者切莫誤認自分水脈脊以下乃屬方位理氣矣故云便把羅經照出路也蓋看得水神龍脈既合三吉星格其地似可取裁乃將指南辨其方位以定卦之合不合也合卦則用之不合卦仍未可用也節節同行卦無偏雜乃許其爲過脈峽眞而知前去定有好穴不然則行龍先見駁雜到

頭何處剪裁子字以下乃直指看龍訣法而舉坎卦一卦爲例若出卦是子字須行龍只在子字一宮之內乃爲卦氣清純如偏於左癸與丑雜是子癸一卦而丑字又犯一卦也如偏於右壬與亥雜是壬字一卦而亥字又犯一卦也此爲卦中之陽差陰錯非全美之龍故云不必費心尋也

水路交馳五星溷雜則以破軍名之出身之脈必分水土金者其重在於形局木火諸星爲形之所忌故云只取水土金餘皆不取即天元歌所謂五曜只求金水土五星論定穴應裁亦是此意星格既合形局

又好乃辨其卦之方位脈之偏正若能節節清純而無駁雜其局乃可入用設有偏於左右須辨其出卦不出卦元空大卦惟忌出卦幕講云局法如差錯兒孫立見窮縱能免強裁取終非全吉之地不若捨此而另求故曰不必費心尋也

直解水法渙散之處五星混雜卦爻錯亂最難分辨只要貼身小水引動龍神千流萬派都歸此小水之情狀者即是一路出身脈也此水之星體情形方位干支曲直動靜須辨合與不合星體合吉則用之不合則不可用所謂子字出脈子字尋總

言看龍之法理氣之要稍有不合卽是陰差陽錯之龍矣

一勺子曰又從分水脈脊處便把羅經照出路是教人下羅經子字出脈子字尋是示人用羅經明白簡易句句眞機字字珠玉蔣云坎卦爲例是解莫教差錯丑與壬句也若橫斜倒逆脈來則必如下文子癸午丁三節幷翻動四十八法以爲致用之元機而秘妙大白於天下萬世矣此注之有補於此道詎淺鮮哉

子癸午丁大元宮卯乙酉辛一路同若有山水一同到

牛穴乾坤艮巽宮取得輔星成五吉山中有此是眞龍

蔣氏曰此承上節羅經照過峽詳言方位理氣即天玉元空大卦之作用也其法分子午卯酉爲天元宮寅申巳亥爲人元宮辰戌丑未爲地元宮隱然天元之妙理引而不發欲使學者得訣方悟其敢妄泄天機犯造物之忌哉此取四仲之支爲天元宮者非此四支皆屬天元乃謂此四支之中有天元者存也而其本文又不正言子午卯酉乙辛丁癸必錯舉子癸午丁卯乙酉辛者此其立言之法已備出脈審峽定卦分星之密旨觀一路同三字同中微異須加剖別

已在言外下文乃全露其機云此八宮同到半穴乾坤艮巽宮矣一同到非謂此八宮一同到也亦非謂八宮之山與八宮之水一同到也謂此四支中任舉一支與此四干中一干比肩同到卽雜乾坤艮巽之氣矣蓋子午卯酉本是四正之龍而與八干同到卽有一半四隅之龍不可不辨辨之不清則欲取天元而非純乎天元矣末二句輔星五吉指天元宮最清者言蓋天元龍雖包諸卦而九星止有三吉恐日久發洩大盡末亂衰微故須兼收輔弼宮龍神合氣入穴以成五吉然後一元而兼兩元龍力悠遠不替矣

故目之曰眞龍極其贊美之辭也此節言山者皆指水蓋平洋以水爲山水中卽是山矣輔星卽是九星中左輔右弼蓋有二例一則九宮卦例以一白配貪狼二黑配巨門三碧配祿存四祿配文曲五黃配廉貞六白配武曲七赤配破軍八白配左輔九紫配右弼此天玉經元空大卦之定理也一則八宮卦例將輔弼二星幷一宮分配八卦製爲掌訣二十四山係於納甲之下互起貪狼爲立向消水之用陽宅天醫福德亦同此訣竊以之彰往察來皆無明驗蓋卽天玉所辨二十四山起八宮唐一行所造後人指爲滅

蠻經者也二說眞僞判然不可悞認五吉即三吉盖形局九星以水土金三星爲貪巨武三吉而輔弼爲入穴收氣之用方位九星亦有三吉雖以貪狼統龍而每宮自有三吉不專取巨武此節天元宮兼輔爲五吉中有隱語非筆墨所敢盡旣云五吉則分輔弼作兩星以配九宮其非八宮之訣明矣若在人地兩元別有兼法見諸下文此節以下所舉干支卦位俱帶隱謎若從實推詳不啻說夢非楊公言外之眞旨矣

謂子午卯酉四支內有天元之妙存焉並言子癸午

丁卯乙酉辛亦非錯舉干支處處有可相同下文即接同到半穴數字乃言山水干支已犯惟在立向以趨避之蔣註不云八干八支惟日四干四支隱有可犯不可犯之訣四正之龍雜以乾坤艮巽欲取天元已經不清一元不清三元隨之皆亂但天元龍包含諸卦非云要兼始成五吉蓋形局方位合三吉以避四凶兼收輔弼二星入穴此爲全吉之地即會序得三失五盡爲偏天元不是八神齊到穴者均此之謂也且天元龍易於發泄發泄太過猶恐末肖衰微不得不兼輔弼一元可得兩元龍力不致先榮後凋古

賢妙訣授與後人爲濟世之慈航稍一指撥多延幾代所關豈淺鮮哉非如今人某方挑一池某方築一墻東挖西掘強牽支離如此作爲毫無補益故金口訣云元辰若斷絕外氣總無力此掩耳盜鈴之語切不可信未言取得五星成五吉者乃是補救眞逹之妙用讀者不可忽也

眞解註云輔星天元宮之最淸者其言微乎妙乎使人不易測識耳楊公又云山中有此是眞龍明明指我在水中又不在天元之水中正在天元最親最近之水中然取於六八者非也所云一同到

者一宮之水同到也細玩其子癸午丁卯乙酉辛輔弼巳在言外矣同到即巳丙亥壬申庚寅甲丁未癸丑乙辰辛戌之同到一同到則卦爻雜亂陰陽差錯吉中有凶不成美器矣差錯之所雜亂之方須挨輔星以補之是輔星雖非當令之星亦能先時補救化凶而爲吉者也所云取得輔星即此之謂也

一勺子曰子午卯酉爲天元帶癸丁乙辛是天兼人之局一路同以山水氣脈不雜地元也一同到者無論此四支中或山峽或水路一支獨帶干來或兩支

看帶干來不拘拘於四也半穴半字義最精密已備入用下卦兼用獨用之妙子帶癸午帶丁卯帶乙酉帶辛來則下乾坤艮巽兼巳亥寅申之局是半穴乾坤艮巽而非全乎乾坤艮巽也或子壬午丙卯甲酉庚則下乾坤艮巽兼辰戌丑未之局亦是半穴而非全下之意凡實照經文俱當活看愼勿執定板格死守句下也因翻閱此節以盡造化之變錄入於左

子癸午丁天元宮卯乙酉辛一路同若有山水一同到半穴乾坤艮巽宮取得輔星成五吉山中有此是眞龍　此天卦兼人四局

子壬午丙天元宮卯甲酉庚一路同若有山水一同
到半穴乾坤艮巽宮取得輔星成五吉水中有此是
眞龍　此天卦兼地四局
乾亥巽巳天元龍坤申艮寅一路同若有山水一同
到半穴子午卯酉宮取得輔星成五吉水中有此是
眞龍　此天卦兼人四局
乾戌巽辰天元宮坤未艮丑一路同若有山水一同
到半穴子午卯酉中取得輔星成五吉水中有此是
眞龍　此天卦兼地四局
癸子丁午人元宮乙卯辛酉一路同若有山水一同

到牛穴寅申巳亥宮取得貪狠成五吉水中有此是
眞龍　此人卦兼天四局
壬子丙午地元宮甲卯庚酉一路同若有山水一同
到牛穴辰戌丑未中取得貪狠成三吉水中有此是
眞龍　此地卦兼天四局
亥乾巳巽人元龍申坤寅艮一路同若有山水一同
到牛穴乙辛丁癸中取得貪狠成五吉山中有此是
眞龍　此人卦兼天四局
戌乾辰巽地元龍未坤丑艮一路同若有山水一同
到牛穴甲庚丙壬中取得貪狠成五吉山中有此是

眞龍　此地卦兼天四局

以上三十二局正法水龍下穴無逾於此都天微意所最貴重者天元廣大幷包復能兼收左輔右弼以補救末祚衰微所甚分別者人地二氣以陰陽不同行且卦氣不相合爲仇家在地卦尙以獨用爲宜不可兼天況於人卦乎但印証於山龍發福墳宅每多地人兼用水居零神兩元龍力俱大顯榮發達者不可枚舉蓋天造地設生成有雜局不得不雜扦以盡山川之力以施吾道之妙古仙何令通云平陽一氣蓋卦氣清純之旨也山谷異氣正卦氣混雜之訣也

玩巳丙宜向天門亥壬向得巽風亥壬聳龍與祖格巳丙旺相一般同等句明明有雜用之處也因又翻出一十六局共成四十八局以發此道之秘云又曰此下卦之四十八局也而挨星之顛倒順逆一個排來千百個均由是以立之體矣

亥壬巳丙人元龍寅甲申庚一路同若有山水一同到半穴乙辛丁癸宮取得雜氣合地力山中有此非假龍　此人卦兼地四局

壬亥丙巳地元龍甲寅庚申一路同若有山水一同到半穴辰戌丑未中取得輔弼兩元吉山間有此雙

下龍　此地卦兼人四局

乙辰辛戌人元宮癸丑丁未一路同若有山水一同

到半穴寅申巳亥中取得雜卦合地力山中有此假

福龍　此人卦兼地四局

戌辛辰乙地元宮丑癸未丁一路同若有山水一同

到半穴甲庚丙壬中取得雜卦成地力山中有此雙

收龍　此地卦兼人四局

以上十六局大有分别如乙辰辛戌四局其力量同

於正局有福無禍其氣不雜餘十二局要看得的實

方可取用發福悠久若還朣子不的甯可守正不可

混用致貽莫大之咎也愼之秘之然而吉凶同域憂喜聚門生我之門即死我之戶天地之道禍福倚伏非老氏之私言也吾見下生龍而得死氣扞旺墳而受衰運者天下皆然故雜卦之禍尙淺而悞受之殃更酷也甚哉此道之奧須口傳矣

辰戌丑未地元龍乾坤艮巽夫婦宗甲庚壬丙爲正向

脈取貪狼護正龍

蔣氏曰此取四季之支爲地元龍者亦謂此四支中有地元龍者存也此四支原在乾坤艮巽卦內故曰夫婦宗此元氣局遍隂不能兼他元爲五吉止取貪

狼一星眞脈入穴護衛正龍根本則卦氣未値其根不摇卦氣已過源長流遠斯爲作家妙用貪狼卽在甲庚壬丙之中故但於此取正向乘正脈與天人兩元廣收五吉者有殊不言輔星輔弼已在其中故也楊公著書泛論錯舉之中其金針玉線一絲不漏盡如此矣

四季之支非盡地元龍也此元局窄不能他兼專取貪狼入穴而不言及輔弼貪狼爲九星之統領正龍有一星護衛雖不兼及他元取之乘脈立向亦能久遠不替其貪狼卽在甲庚壬丙之內故曰甲庚壬丙

爲正向脈取貪狼護正龍也所云夫婦宗者位在四維之界故曰乾坤艮巽此元龍格異與天人兩元然不同之間又似乎相同雖用法稍有更易而理則貫之於一也

直解地元者下元也逼險者非形局之逼險氣運之逼險也故不曰五吉而曰護正龍即八九一之謂也然在此時不曰五吉者何也謂下元未盡令星弗得弗用上元將交貪狼又弗得弗用若兼巨武而爲五吉則吉凶叄半非但不能爲福適足致禍所謂凶多者凶勝吉也豈非與天人兩元取五

吉者有殊作家不可不辨

一句子日正向正字是地元單用之訣故首二句不錯舉而分言之其實亦一路來一同到者貪狼是三吉中之一吉也河圖一二三數爲上元三吉四五六數爲中元三吉七八九數爲下元三吉取輔星是廣收傍卦爲左輔右弼取貪狼是用側爻而收道元中爻之氣如此節脈取貪狼是立甲庚丙壬之山向而兼取子午卯酉之氣入穴也

寅申巳亥入元來乙辛丁癸水來催更取貪狼成五吉

寅坤申艮御門開巳丙宜向天門上亥壬向得巽風吹

蔣氏曰此四孟之支亦屬四隅卦此四卦中有人元龍者存也天元之後卽應接人元楊公因三才三正之序顛倒錯列亦隱秘其天機使人不易測識耳此元龍格亦必兼貪狼而後先榮後凋若不兼貪狼慮其發遲而驟歇矣用乙辛丁癸水催之者謂此四水中有貪狼也此宮廣大兼容故旁及坤艮亦所不碍故曰御門開若是巳丙壬亥相兼則犯陰陽差錯之龍矣法宜去丙就巳去壬就亥以淸乾巽之氣此則專爲人元辨卦而言處處欲要歸一路蓋一路者當時值達之機兼取者先待補救之道不直達則兩勝

無先鋒不補救則善後無良策二者不可偏廢也總觀三節文義子午卯酉配乙辛丁癸辰戌丑未配乾坤艮巽爲夫婦同宗而寅申巳亥獨不配甲庚壬丙爲夫婦則其本意不以甲庚壬丙屬寅申巳亥可知矣此正合天玉大五行作用而非十二支配十二干爲一路之俗說也故不曰寅申坤艮而曰寅坤申艮非以寅爲坤以申爲艮也巳屬巽而反曰天門亥屬乾而反曰巽風顛倒裝成其託意微而且幻至其立言本旨不過隱然說出陰陽交互之象然篇中皆錯舉名目不肯分明至後節主客東西方露出端倪而

終不顯言先賢之毖慎如此使我有泿泄天機之懼
矣
天人兩元應當相接茲以地元間之其中隱有奥義
且四孟之支均在四隅卦內故錯列三才之序而遞
舉之此四孟之支存有人元之龍其云乙辛丁癸以
貪狼卽在此中必用四水催之以護正龍根本若卦
氣已過未可長恃以龍有三元之分也蔣云兼取者
天元定兼輔弼地元專取貪狼人元惟兼一星乃是
直達補救之義卽此可見作家妙用處處不一得其
兼專之妙竟有此可兼彼彼不可兼此甚至彼能去

此此不能去彼用法雖異其理則一本文寅對坤申對艮巳天門亥巽風其中機深義幻非淺學所能測識此元廣大兼該雖犯壬亥巳丙差錯若淸其兩宮之氣仍不碍其爲吉也

直解人元自有人元合運之山水自有人元合運之星辰體用俱合人元僅有三吉四吉此云五吉者何也謂當時直達之星辰已得再取貪狼一星合成五吉以補悠遠用法之至要者也乙辛丁癸水來催者非謂此四水盡屬人元又非謂有此四水即是貪狼正謂在是元用是山收是水或丁或

乙或癸或辛有得貪狼者在耳御門開卽兼通出卦之意蓋申與庚巳與丙亥與壬俱屬貼鄰易犯差錯之宮或巳出於丙午我向之以天門亥或雜於子午又令吹之以巽風楊公教人補救宜達深切著明至矣盡矣　輔亦可兼弼亦可兼諸星亦可兼貴在各乘其時耳先將當元之令星用得安妥再將先時補救之策或兼貪或兼輔多兼則元運不一吉凶參半諺云欲取天元而非純乎天元欲取地元又非純乎地元蓋謂此也總觀三節文義兼法俱要隨時酌量宜兼貪則兼貪宜兼輔則

兼輔全在作者隨時兼取隨地變通耳

一句子曰天門乾亥地戶巽巳也巳丙宜向天門是亥向收亥氣放壬氣亥壬向得巽風是巳山收巳氣放丙氣也然此以中元乾巽兩催言之若當上元法宜放亥收壬得坎風吹爲一定之訣此取勝有選鋒之作用也統味上三節文義如璇璣如圓圭諸秘皆具衆美畢備或一字一義或一句數義綱舉目張一絲不漏故知非楊公不能著此非得楊公心傳亦不能解此也即余翻動一節正未盡此二節之妙欲再就此二節翻動勢必以辭害意因缺之以俟智者

貪狼原是發來遲坐向穴中人未知立宅安墳過兩紀方生貴子好男兒

蔣氏曰貪狼諸卦之統領得氣先而施力遠何云發遲此言人地兩元兼收之脈不當正卦傍他涵蓄故力不專是以遲也兩紀約畧之辭生貴子正見誕育賢才以昌世業隱含悠久之義非若他宮一卦乘時催官暫發之比若夫應之遲速是不一端烏可執此爲典要也

遲發之言亦在兼收之分義雖如此未可拘執貪狼九星之首施氣獨先能受穴内即成佳壤豈有延之

兩紀始生貴子若他宮一卦乘時又作如何論法耶
引此以顯傍蓄兼收之力專不專耳

直解上數節言人地兼貪最易發福此云發遲者
何也謂貪狼雖非人地兩元主運之星卻能補偏
救弊先榮後凋故曰遲也坐向言坐山向首之排
龍也坐山向首之排龍或排貪狼到山或排到向
首或排到水口三叉奇峯貴砂定主產賢才昌世
業發福無休歇也

一句子曰此承上兩節言地人二卦受氣偏而得力
薄雖取貪狼護穴護龍然氣非正受發或稍遲不及

正卦受氣厚而致力專當正運而卽發也然過兩紀生貴子或是發在正運廿年之後爲效雖遲爲力亦久矣夫發之遲速係於龍穴而不在卦爻蓋正卦亦有遲發者偏爻亦多速發者

立宅安墳要合龍不須撥對好奇峯主人有禮客尊重客在西兮主在東

蔣氏曰山龍眞結必對尊星而後出脈或回龍顧祖或枝幹拱朝先有主峯乃始結穴故必以朝山爲重非重朝山正重本身出脈眞僞也平洋旣無來落但以水城論結穴水自水山自山雖有奇峯並非一家

骨肉向之無益故只從立穴處消詳堂局收五吉之氣謂之合龍而不以朝山爲正案也末二句乃一篇之大旨精微元妙之譚所謂主客又不止於論向而指龍爲主人向爲賓客也主客猶云夫婦賓指陰陽之對待山水之交媾一剛一柔一牝一牡元竅相通皆在如此言有此主便有此客有此客便有此主主客雖云二物實一氣連貫如影隨形如谷答響交結根原一息不離非謂既有此主乃更求賢賓以對之也東西茲舉一方而言亦可云主在西分客在東亦可云主在北分客在南八卦四隅無不皆然所謂陰

陽顛倒顛也自天下軍州至此統論平洋龍法其中卦位干支秘訣總不出此二語故於結尾發之以包舉通篇之義學者所當潛思而曲體之者也

姜氏曰實照發明平洋龍格開章直喝天下軍州總坐空何須撐著後頭龍大聲疾呼朗吟高唱此楊公著書通篇眼目提綱挈領之處不可泛泛讀過葢平洋龍格舉世所以茫然者只因俗師聾聵將山龍溷入無從剖辨觸處成迷也平洋之作法旣迷并山龍之眞僞亦謬失其一并害其二矣楊公苦心喝此二語醒人千古大夢使知平洋二宅不論坐後來脈凡

坐空之處反有眞龍坐實之處反無眞龍與山龍之胎息孕育截然相反欲學者從此一關打得透徹更不將剝換過峽高低起伏馬跡蛛絲草蛇灰線等字纏擾胸中只在陰陽大交會處悟出眞機而后八卦九星干支方位以次而陳絲絲入扣平龍消息始無星漏之虞平龍既無星漏而山龍亦更無星漏矣倘不明此義只將後龍來脈膠葛糾纏則造化眞精何從窺見雖授之以八卦九星之奧亦無所施也窮年皓首空自茫茫高山平洋總歸魔境我於是浩嘆楊公渡人心切也後篇所以覆舉二語重言以申明之

意深切矣

此篇前十二句爲一章言深山支龍之穴中三十四句爲一章言幹龍脫殺出洋之穴此二章皆屬山龍後四十六句分七節爲一章言平洋水龍之穴平洋不可取山篇中屢見特慮後人之不信耳先賢立義深奧以致驪黃不分亥豕莫辨因此約畧了事然陰陽之理無非八方之山八方之水取其一方之山配其一方之水所謂天地陰陽夫婦雌雄牝牡剛柔動靜資質東西南北主客賓主屑屑分流實則名異情同有主客乃得陰陽配合父母子息皆在三卦

之中矣平洋朝山無益者緣非一家骨肉以其質性之不同耳情意不投奚成莫逆惟取水城後空一語而論水城之結作合與不合也

直解山龍看主山朝案以辨龍體之眞僞平洋對三叉察血脈以認來龍之得失山洋一定不易之法也要合龍者觀九曜之合不合也奇峯者尖秀挺拔之峯也合元運則對之不合則不必對之所云主東客西卽陽水陰山顛倒顛之義主人有禮者龍眞氣旺也龍果眞氣果旺前後左右輔從則加以美名如龍微氣衰雖有奇峯貴砂亦變爲惡

曜所謂本主興隆殺曜變爲文曜龍身微賤牙刀化作屠刀此之謂也

以上數節卽屬半含半吐但吞吐之間有深意存焉讀者當細心參考自有所得也

一句子曰山龍專論山以山之高低大小爲骨月一家水龍專論水以水之深淺明暗爲骨月一家不須擬對好奇峯是水龍依水之法主人有禮者山水合法陰能翕受夫陽也客尊貴者謂能收歛神功入我宅兆爲我用也夫光陰爲百代過客山川是萬古主人河山不改日月常新可悟主客也卽陰陽二字亦

必先陰而後陽以陰爲主矣

中篇

天下軍州總住空何須撑著後頭龍時人不識元機訣只道後頭少撑龍大凡軍州住空龍便與平洋墓宅同州縣人家住空龍千軍萬馬悉能容分明見者猶疑慮龍不空時非活龍教君看取州縣場盡是空龍活擺蹤莫嫌遠來無後龍龍若空時氣不空兩水界龍連生窟穴得水兮何畏風但看古來卿相地平洋一穴勝千峯

蔣氏曰天下軍州二語前篇已經喚醒楊公之意猶恐後人見不真信不篤故反覆咏嘆層層洗發窮追

到底罄其所以然之故又恐概說軍州大勢倘疑人家墓宅或有不然故指實而言軍州如是墓宅亦無不如是只勸世人揀擇空龍切勿取實龍作撐也所以然者何也山龍只論脈來平洋只論氣結空則水活而氣來融結實則障蔽而生氣阻塞肉眼但見漭漭平田毫無遮掩疑爲坐下風吹氣散之地不知水神界抱陽氣沖和平洋之穴無水則四面皆風有水則入風頓息所謂氣乘風則散界水則止古人之言正爲平洋而發也

此節別無他義專言後空之妙前舉天下軍州大勢

擬比恐人不醒又以州縣宅墓喻之詳明用殊理一楊公可爲心盡意竭矣非空其後奚能取合內氣其日元竅元關元機元妙元空大卦名異而實同元者虛空無着之謂也

直解楊公恐人不信空龍之說特引州縣城池爲證然州縣城池未必盡屬後空人家墓宅亦非以坐空爲是坐實爲非只要坐空得坐空之五行坐實得坐實之五行方合龍空氣不空龍實氣不實之妙用中言得水承上文能空氣不空龍實氣不實而申言之也所謂得水非以左右有水謂得亦

非以前後有水謂得以所有之水得挨星生旺乃
爲眞得也

一句子曰龍空氣不空尤爲全經傾囊之論吁有坐
空蹈煞者又亟宜避之

子午卯酉四山龍坐向乾坤艮巽宮莫依八卦陰陽取
陰陽差錯敗無窮百二十家渺無訣此訣元機大祖宗
來龍須要望龍穴後若空時必有功帝座帝車並帝位
帝宮帝殿後當空萬代侯王皆禁斷寻今隱出在江東
陰陽若能得遇此蚯蚓逢之便化龍

蔣氏曰此明八卦之理即前子午卯酉屬坎離震兌

四卦乾坤艮巽又四卦之義也所謂坐對非指向山
盖四正卦與四隅卦兩兩相對故云然也八卦陰陽
者指八卦五行以乾卦領震坎艮三男而屬陽坤卦
領巽離兌三女而屬陰此先天之體非後天之用以
之論陰陽則差錯而敗不勝言矣譚陰陽者百二十
家皆此是彼非渺無眞訣惟有元空大卦乃陰陽五
行大祖宗聖聖相傳非人勿示也識得此訣雖帝王
大地瞭若指掌特禁秘而不敢言耳楊公自言旣得
至道不敢炫燿於世故披褐懷玉抱道無言然天寶
雖秘惜而救世之心未嘗少懈曾於天玉經江東一

卦諸篇隱出其旨世之好陰陽者有緣會遇信而行之頃刻有魚龍變化之徵也或云楊公得道之後韜光晦跡背其鄉井隱於江東俟考

其卦雖八用有先天後天之分坐對指後天言先天是體誤取作用則陰差陽錯勿謂是卦皆可取用譬之山龍平洋其中截然相反知此體用則重後空之訣乃能有功不獨軍州府縣如此卽帝王宮殿莫不皆然若能依訣而扦自有興騰變化之妙蔣云有緣會遇信而行之斯語殊深鄭重所謂緣者因也卽前世今世後世之因前世之因言其祖父今世之因言

其本身後世之因言其子孫人之忠正聰慧奸邪愚蒙前世祖父德惡可知繼而爲之後世子孫因果亦可知矣叮嚀學者悟得妙理擇人德惡然後可行若妄泄天寳必干造物之怒而自取禍咎者也

直解子午卯酉指地之四正而言乾坤艮巽指空之四維而言非必拘定要坐對乾坤之位只要元空坐對二四六八便是陰陽二宅若能合此元機自有魚龍之變化下文辰戌丑未甲庚壬丙即此意也

地氣南北不同山洋迥異即性之剛柔氣之老嫩

亦隨處而各別者也切不可拘泥有誤天地生成之妙用也地有相去數郡高卑無二者亦有相去數里厚薄逈異者亦有相去數步而老嫩懸絕者總要隨地取裁不可執一卽坐水向水後空後實亦要各得其宜爲妥切不可拘泥後空爲是後實爲非亦不可拘泥後高爲是後空爲非總要隨地適宜高低各得爲是所謂泥於古者必不能愈今疾拘於方者決不能治遠人卽此之謂歟

一勺子曰百二十家渺無訣此訣元機大祖宗惟得此一訣則百二十家謂之無訣可也謂此訣爲祖宗

可也

子午卯酉四山龍支兼干出最豪雄乙辛丁癸單行脈半吉之時又半凶坐向乾坤艮巽位兼輔而成五吉龍

蔣氏曰此皆楊公隱謎舉四正爲例若行龍在子午卯酉四支長流不雜雖兼帶干位總不出本卦之内其脈清純故云最豪雄也若乙辛丁癸雖屬單行未免少偏卽犯他卦所以吉凶參半也言子午卯酉而乾坤艮巽不外是矣言乙辛丁癸而甲庚壬丙不外是矣辨龍旣淸乃於諸卦位中隨便立向則又以方圓爲規矩而未嘗執一者也

支兼干出清純不雜扦穴於此可許誕育英豪若乙
辛丁癸脈不偏出亦爲全吉雖然支干相兼兼中有
別支兼干者四正之左皆陰不言甲庚壬丙而甲庚
壬丙已在言表矣

直解此四卦重支之卦支兼干出卽子癸午丁卯
乙酉辛若乙辛丁癸而無子午卯酉兼出者卽謂
之單行脈也單行之脈稍有一偏卽出他卦行龍
出卦總生旺不一吉凶無定所云坐向乾坤者非
必拘定坐向乾坤之位只要天元取輔人地兼貪
全收五吉之氣也單行之脈雖易出卦有心者倘

遇此種來龍來脈龍穴眞的者切莫棄而不取也只要用得五吉合得三星其吉更勝於一卦清純者矣

一句子日子午卯酉兼干出則豪雄而乾坤艮巽兼支出可知矣葢言天元之卦氣力博大人地兩卦未免偏側半吉是得本元正龍之氣半凶是雜他卦有失元之慮

辰戌丑未四山陂甲庚壬丙葬墳多若依此理無差謬清貴聲名天下無爲官自有起身路兒孫白屋自登科

入卦不是眞妙訣時師休把口中歌敗絕只因用卦差

何見依卦出高官陰山陽水皆眞吉下後兒孫禍百端
水若朝來須得水莫貪遠秀好峯巒審龍若依圖訣葬
官職榮華立可觀
蔣氏曰此指四隅龍脈而言而舉辰戌丑未爲隱謎
也謂此等行龍而取甲庚壬丙向者甚衆必須龍法
純全向法合吉毫無差謬而後清貴之名卓於天下
也起身路正指來龍之路八卦本是眞訣而誤用則
禍福顚倒故云非妙訣後章八卦只有一卦通乃始
微露消息矣收水之法向云陽用陰朝陰用陽應乃
卦理至當不易之言而竟有陰山陽水陽山陰水反

見災禍者則辨之不眞陽非陽而陰非陰也得水二字世人開口混說然非果識天機秘旨收入元竅之中雖三陽六建齊會明堂虎抱龍廻涓滴不漏總未可謂之得若知得水眞訣卽陰陽八卦之理示諸斷乎莫貪遠秀好峯卽上篇已發之義致其叮嚀之意云爾

上文四正已詳此言辰戌丑未四隅之龍而取甲庚壬丙之向者亦復不少裁之合吉富貴可期誤用則福未見而禍立應其故何也蓋指扦穴極難立向實不易全副精神止在消納兼加而已所謂陰陽相見

福祿永貞陰陽相乘禍咎踵門時師不知妙理妄執指南其無人心也甚矣

直解甲庚壬丙是隨時變易之甲庚壬丙非四維八干不易之甲庚壬丙也讀者切莫誤認此理云者是山上水裡陰陽相配之理也山上水裡果能交之以陽配之以陰淸貴聲名自然流傳天下八卦九星本是眞訣而此獨非者何也申言板格之非也在地爲八卦九宮在天卽是北斗九星隨氣流行隨時變易往來無定者也拘拘於呆法變易者反以爲不易無定者執以爲有定所謂陽者非

陽陰者非陰故謂之不眞所謂得水者非三合五行之所謂得又非上元必須離水下元必須坎水之所謂得也此所謂得者是元空之得謂得也夫辰戌丑未是四維八干不易之定位甲庚壬丙是周流六虛隨時而在之甲庚壬丙一空一實必須揣摩而得有形之質靜而不移無形之氣動而不息一動一靜一陰一陽相爲表裡一往一來一山一水兩相配合自能立見榮華矣

一句子曰節節歸重三般卦得一卦卽以一卦爲用此理無差百祥立至此理一錯千災爲殃得水以是

審脈以是下穴以是用卦以是即交媾陰陽亦無不以是是三卦者爲元空大卦之綱領條目千百都具此道自蔣氏剖露以來今日有知其說而誤用者下後兒孫禍百端皆由不明八卦陰陽之顛倒耳

元機妙訣有因由向指山峯細細求起造安墳依此訣能令發福出公侯眞向支山尋祖脈干神下穴永無憂寅申巳亥騎龍走乙辛丁癸水交流若有此山幷此水白屋科名發不休昔日孫鍾扦此穴從此聲名表萬秋

蔣氏曰通篇皆言平洋此章乃揷入山峯者何也葢八卦九星乃陰陽之大總持故凡有山之水可以不

論山而有水之山不能不論水若遇山水相兼之地未可概從山龍而論還須細細尋求亦必合此玄空大卦之訣而后墓宅產公侯也祖脈必要支山葢從四正而論下穴立向則不拘干支矣此祖脈乃元空之祖脈非山龍之來脈也讀者切勿錯認寅申巳亥乙辛丁癸俱屬易犯差錯之龍故曰騎龍走水交流文有殊義無別此山此水而科名不歇者不犯差錯故也孫鍾墓在富陽天子崗本山龍而收富春江長流之水故引爲證

山水相兼之地取用不同平洋不可牽山山龍取水

爲用者其中含有別義耳蓋山龍落平遠近不等全在相水爲証方可扦穴立向莫以槪謂山龍必待水界而后可止但結法不一亦當度情通變其云支山祖脈是言四正之脈非言元空祖脈也元空大卦立向消納則又不拘於干支矣至於孟支陰干少偏則易出卦果能不雜他氣發福必然長遠末引孫鍾之墓以証山龍兼收江水之妙也

直解上四句言體用兼到之妙中二句承上文而言祖脈此祖脈非太祖少祖山龍之來脈又非干支公孫子母之祖脈此祖脈乃元空之祖脈所謂

天心是也數語當細細察之如乙辛丁癸寅申巳亥卽上文所謂甲庚壬丙辰戌丑未之意時師都謂此山此水易犯差錯之龍皆棄之不取不知此山此水亦有發福者特引孫鍾墓爲証經云八方位位有眞龍爻象干支總不同蓋謂此也

一勺子曰一干一支三般卦分配爲用眞向支山下穴干神能尋祖脈則無憂矣寅申巳亥騎龍走以不犯辰戌丑未爲上乙辛丁癸水交流以不犯甲庚壬丙爲高此毫釐千里之別禍福反掌不可不辨余翻雜卦十六局乃窮形極態以盡山川變化之妙耳學

者慎之

來龍雖看坐正穴後若空時必有功州縣官衙爲格局必然清顯立威雄范蠡蕭何韓信祖乙辛丁癸足財豐亥壬巽龍興祖格巳丙旺相一般同寅申巳亥等五吉乙辛丁癸四位通紫緋晝錦何榮顯三牲五鼎受王封龍回朝祖元字水科名榜眼及神童後空已見前篇訣穴要窩鉗脈到宮試看州衙及臺閣那個靠著後來龍砂揖水朝爲上格羅城擁護穴居中依圖取向無差誤不是王侯卽相公

蔣氏曰後空之旨屢見篇中而此章又反覆不已者

葢後空不但無來脈而已并重坐下有水乃謂之活龍擺撥而成眞空有氣也故首句云坐正穴實指穴后有水取爲正坐也古賢舊蹟往往如此遍地鉗所謂杜甫盧仝李白祖此又引范蠡蕭何韓信總合此格下列諸干支言不論是何卦位只要合得五吉收歸坐后發福如許爾故下文即接回龍朝祖玄字水分明指出前朝曲水抱向穴後乃回龍顧祖之格也神童黄甲必可券矣篇中又自言後空之訣已見前篇然恐人誤認只取坐後無來脈便云有氣不知穴後必須水抱成窩鉗之形而後謂之到宮若但云空

爾非坐水之空空何貴焉砂揖水朝羅城擁護皆就水神而論穴正居中指坐穴也此節亶說出王侯將相大地局法非泛論也

此節二十二句重在後空兩字其曰范蠡蕭何韓信之祖乃公目擊心賞之格依此行之蚯蚓亦可化龍深贊後空之妙也原註乃云學者莫錯會意非公身歷其墓則是以小人之見窺楊公也此老足跡遍天下著書傳世觀撼疑二經可知矣不然將相公侯豈但此哉果係比喻之詞尤非古仙所以教後世也所謂多歸古格之說不幾自相矛盾乎試觀古今將相

多是後空不論何卦收盡五吉歸於坐後合成大交會格局無差其吉莫不响應所謂空者非但後坐有水即謂後空必須前朝後合是爲眞空此云砂揖水朝羅城擁護不必苛求自有天造地設之勢也

直解上節言山龍干神坐實之法此節言平洋五吉坐空之奧一山一水一空一實申言坐空坐實用法之不同也然後空之說前已詳言此又重言者何也恐人誤認不察水之幹枝向背也穴後之水必要枝流拱向後神抱繞有情再坐之以五吉此謂正穴又謂到宮所云巳丙亥壬總言不論是

何卦位是何干支只要合得五吉庫無差謬神童黄甲卿相公侯有得之若操券者矣楊公恐人不信特引蕭韓祖墓爲証坐正穴者卽不偏不倚不上不下不浮不沉之謂也後空非以穴後有水謂空用法弗得卽謂空雖是穴後有水非眞空也必要金龍到頭乃爲眞空此謂龍空氣不空所謂脉到官者卽此意也

一勺子曰亥壬聳龍巳丙旺相是或作乙辛丁癸戌辰未丑之局矣看紫緋王封榜眼神童則雜局亦不賤只要認得眞用得眞自然應驗亦眞此眞眞正道學

之足貴也

天機妙訣本不同八卦只有一卦通乾坤艮巽纏何位
乙辛丁癸落何宮甲庚壬丙來何地星辰流轉要相逢
莫把天罡稱妙訣錯將八卦作先宗乾坤艮巽出宮貴
乙辛丁癸田庄位甲庚壬丙最為榮下後兒孫出神童
未審何山消此水合得天心造化工

蔣氏曰一部寶照經不下數千言皆半含半吐至此
忽然漏泄蓋陰陽大卦不過八卦之理而篇中乃云
八卦不是眞妙訣者正為不得眞傳不明用外之法
故也而其所以不明用卦之法者皆因泛言八卦而

不知八卦之中止有一卦可用故也大五行秘訣不過能用此一卦卽從此一卦流轉九星便知乾坤艮巽諸卦落在何宮二十四干支落在何宮而或吉或凶指掌瞭然矣俗師不得此訣妄立五行有從四墓上起天罡以爲放水出煞之用如何合得八卦之理夫收得山來乃出得煞去不知一卦作用山旣無從收一卦不收諸卦干支又何從流轉九星求純棄駁而消水出殺乎今人但知二十四山處處可出官貴處處可旺田庄處處可出神童而不知二十四位水路交馳果下何卦收何山乃消得此水出得煞去夫

既不能收山出煞則其談八卦論干支皆胡言妄說而已何以契合天心而造化在手也天心即天運非善人合天之家不能遇也大五行所謂一卦即指天心正運之一卦也篇中露此二字其間元妙難以名言楊公雖指出天心一卦之端而其下卦起星之訣究竟未嘗顯言則天機秘密須待口傳不敢筆之於書也

姜氏曰篇中八卦干支縱橫錯舉原非實義細玩此節何位何宮何地等句即知經文皆屬活句非死句也我師於前篇註中切戒學者毋得執定方位意在

此爾凡讀楊公書者當知此意非獨寶照而已天玉
青囊無不皆然
透徹八卦之精義始明八卦之妙用通得一卦則天
地陰陽九星八卦天心正運五行二十四山趨吉避
凶收山出煞皆可瞭然隨所指點無非造化之機矣
其云官貴田庄神童盡從此出先賢稍露端倪怎柰
後人不能自悟耳
直解一卦者一元一卦即天心正運之一卦也能
用此一卦則知乾坤艮巽落在何宮二十四干支
躔在何地或陰或陽或順或逆或左或右指掌瞭

然矣不識此卦誤認五行八長生四墓庫左旋右轉以爲放水出殺之用不亦謬乎知此一卦卽知收得山來出得殺去不知此一卦則談八卦論干支皆糊言妄語而已豈能契合天心挽回造化哉

一勺子曰卦有八卦只用一卦一卦三爻又用三分止用一爻爻分廿四路又止用八路來脈明堂來水朝山合得某八路卽用某一爻或合某八路又兼有某一二路則用某爻兼某爻謂之眞得龍眞得水眞出煞若不分零正不知重輕不明來去不辨生死美局反下吉地變凶空位來多正位來少拒退生龍迎

入死龍所謂錯將八卦作先宗雖星辰流轉終爲無

益

五星一訣非眞術城門一訣最爲良識得五星城門訣立宅安墳定吉昌堪笑庸愚多慕此妄將卦例定陰陽不向龍身覷出脈又從砂水斷災祥筠松寶照眞秘訣父子雖親不肯說若人得遇是前緣天下橫行陸地仙

蔣氏曰前章既言一卦下穴收山出煞之義此章又直指城門一訣楊公此論眞可謂披肝露胆矣蓋五星之用其要訣俱在城門識得城門而后五吉有用於此作二宅無不興隆者矣城門一訣與龍身出脈

正是一家骨月精神貫通能識城門乃能觀出脈能觀出脈便能識城門故笑世人不識此訣而妄談卦例從沙水上亂說災祥也此以下皆楊公鏤精抉髓之言得此便是陸地神仙父子不傳夫亦師傳之禁戒如是豈敢違哉

有城門乃有山水有山水乃有對待有對待乃有交媾三叉即外陽也人所共見認來脈看內氣得元合格全在乎此俗師不識此訣妄以砂水言災論福雖間有識其城門者惜未明局中消納諸法耳

直解五星本是真術楊公恐人專取貪輔巨武爲

五吉不辨往來消長故曰非眞術也城門卽水之交會處關繫禍福之所令星緊要之處須得五吉三星補救直達斯爲盡善城門得城門之用法再合兼貪兼輔之妙兩美相合立宅安墳自能吉昌矣

一勺子曰八卦各有氣運各有門戶各有堂奧各有陰陽各有交媾城門卽所謂門戶通正氣之出入也有自庫借庫之異見於陳希夷閤闢水法幷黃石公三字青囊一卦有一卦之城門四正四隅各有四父母子息前兼後兼則有八

世人只愛週廻好不知水亂山顛倒時師但云講八卦郤把陰陽分兩下陰山只用陽水朝陰水只用陽山收俗夫不識天機妙自把山龍錯顛倒胡行亂作害世人福未到時禍先到

蔣氏曰道德不云乎常無欲以觀其妙常有欲以觀其竅此正丹家所謂元關一竅大道無多只爭那些子故曰不離這個人身有此一竅天地亦有此一竅地理家須識此陰陽之竅今人只愛週廻好而不知那些子些子合得天機週廻不好亦好些子不合天機週廻雖好皆無用矣陰山陽山陰水陽水皆現成

名邑處處皆死的惟有那些子是活的些子一變陰不是陰陽不是陽陰可作陽陽可作陰故曰識得五行顛倒顛便是大羅仙世人不諳天機誤將山龍來脈牽合平洋理氣執定板格陰陽反成差錯乃眞顚倒也本欲造福反以貿禍楊公所爲惻然於中而有是書也

週廻雖好非已之物也山水有一定之形而無一定之用山是山水是水元妙莫測陰可爲陽陽可爲陰蓋陰陽不能就山水山水只可就陰陽世人不知此訣山龍平洋牽合一法獨處成迷殊爲痛恨楊公喚

之不醒故罵之曰俗夫顛倒害世禍人嗟乎楊公之罵恐有不勝其煩者且無可止之日也蔣公註云一竅者又曰那些子者即是陰陽交媾處此一點精華爲己身所獨有其外皆是公共之物豈能濟我之用耶

亶解遇廻言前後左右前後左右龍穴砂水好不好人人知之如上山下水顛倒錯用時師從何窺見殊有以乾卦領震坎艮三男屬陽坤卦領巽離兌三女屬陰此乃先天之體非後天之用以之論陰陽分兩片禍之先到不亦宜乎註云那些子三

字指挨星生旺而言城門得生旺雖週廻不好亦吉如城門不得生旺週廻雖好皆無用矣隨氣變遷卽是那些子氣化流行正是那些子物換星移亦是那些子那些子人身不能離天地亦不能離所謂關竅者卽此意也

一勺子曰些子活的卽交媾中五得天心正運之一卦所臨惟此一卦來交之地陰卽是陰陽卽是陽些子一失則陽非陽而陰非陰矣天地人三般卦二十四路處處是死的總隨這一些爲轉變

陽若無陰定不成陰若無陽定不生陽水陰山相配合

兒孫天府早登名

蔣氏曰此節并下節尤爲全經傾囊倒篋之言而泛泛讀過則不覺其妙蓋舉平洋龍法穴法收山出煞八卦干支之理一以貫之矣孤陽不生獨陰不長此雖通論而大五行秘訣只此便了學者須在山水配合上著眼所謂配合自然配合非尋一個陽以配陰尋一個陰以配陽也水即是陽山即是陰陰即是山陽即是水故只云陽水陰山而不更言陰水陽山知此者可與讀寶照經矣知此者亦不必更觀寶照經矣

自曾序看雌雄節起千言萬語反覆咏嘆仍是一雌一雄一陰一陽而已無非陰山配其陽水陽水合其陰山所謂龍到頭者所謂龍空氣不空者所謂元關一竅者所謂那些子者其此之謂乎蓋陰陽合化萬物自生立宅安墳必然蔭及子孫名題雁塔有不期然而然者矣

直解陰陽卽來者爲陽往者爲陰之陰陽也陰山陽水者當用將來之氣挨入水中已往之氣裝在山上卽爲陽水陰山此陰陽是氣運消長之陰陽非干支卦爻之陰陽又非左倒右倒之陰陽又非

上元必須離水下元必須坎水之陰陽又非以來水爲陽去水爲陰之陰陽也參透此關方知生成配合之妙理矣水裡排龍水裡得陽山上得陰山上排龍山上得陽水裡得陰此謂之陽水陰山陰水陽山也上文所謂陽水陽山者此也所謂山與水相對者此也所謂江南江北主客東西亦卽此也〇孤陽不生獨陰不長此天地生成至當不易之理也配合卽陽水陰山陰山陽水交互相生來往皆春此眞配合也苟能知此自有天府登名之應

一句子曰山是地下積陰之氣所成故云陰山水是天上元陽之氣所生故云陽水夫積陰之氣必依元陽之氣一噓而始能化生萬物元陽之氣必附積陰之氣一吸而始可孕育萬靈曰陽水曰陰山各就本體立論也

都天大卦總陰陽玩水觀山有主張能知山情與水意配合方可論陰陽

蔣氏曰急接上文都天大卦豈有他哉總不過陰陽而已眞陰眞陽只在山水上看而玩山觀水須胸中自有主張此主張非泛泛主張乃乾坤眞消息所謂

天心是也山情水意四字全經之竅妙今人孰不曰山水有情意而不知世人所謂情意非眞情意也識此情意則是陰陽便成配合青囊萬卷盡在箇中於戲至矣

都天大卦者卽挨星五行名異而實同也陰陽者卽天運往來之陰陽也識此陰陽便可玩水觀山山情水意人多忽之山山有情水水有意此主張也所謂主張者非泛泛主張也其妙在於配合識此大卦則山情自合水意水意自合山情陰陽相得夫婦交媾卽下文賓主交接富貴塡來之意也然卦理殊深惟

恐自己主張未淸徒背誦三元三合之章句扯多少不經之俚談持此玩水觀山世人被其愚惑恭迎至家禮爲上賓嘉肴羅列於前謝金致送於後非仰慕先生之人品才學又非相邀先生玩水觀山以消遣歲月其如此者欲求乾坤眞消息耳甚矣受其酒食謝金報以禍咎踵門殃及子孫哀哉夫都天大卦之陰陽不容有毫髮之間奉勸世人切莫胡行乾坤消息不易知也

眞解主張卽天心正運之主張山情水意是山水各得其宜之情意所言配合非尋一個陽以配陰

尋一個陰以配陽也要山上排龍水裡排龍一九二八三七四六元空會合也或一六二七三八四九亦可山上水裡彼此相生陰陽相配最爲合法此配合卽天心自然之配合知此則青囊天玉之機盡矣

一句子曰玩水觀山有主張只是識山之情與何水有姤合水之意與何山有陰陽以陰陽爲主張以陰陽之媾合爲主張都天大卦是天之眞消息山情水意是地之眞消息合之爲乾坤之眞消息是爲全經之秘是爲全經之用是爲全經之主張

都天大卦無人得逢山踏路尋龍脈前頭走到五里山遇著賓主相交接欲求富貴頃時來記取筠松眞妙訣

蔣氏曰上文說到山情水意都天大卦之理盡矣此節又贊嘆而言此都天寶照不輕傳世若有人得以此觀山玩水一到山情水意賓主相交之處用楊公訣法扦之頃刻之間造化在手蓋一片熱腸深望人之信從而發此嘆也

此節承上而申言之賓主交接即是山情水意用都天大卦配合山水交媾楊公妙訣亦是此理如遇有緣依法扦之福蔭之來更准更速故末句咏嘆而自

贊之其反覆叮嚀之意至深切矣

直解上文說山情水意此節言賓主相交總非四吉四凶之呆格耳只要山水會合之地賓主相交之處取一卦乘時之法催官驟發之秘頃刻之間自有魚龍變化之徵富貴霎時之應

一句子曰余嘗迤涉三吳遠歷京都泰山黃河恒岱長江足跡半天下間遇畧識大卦者頗多認得賓主相交者絕少其講大卦不從交媾陰陽賓主論乃別剏名目號爲旺氣誑人酒肉銀錢高其聲價不惟無學正惟無恥

天有三奇地六儀天有九星地九宮十二地支天干十干屬陽兮支屬陰時師專論這般卦誤盡閻浮世上人陰陽動靜如明得配合生生妙處尋

蔣氏曰前節贊嘆已足終篇又引奇門以比論者蓋奇門主地從雒書來與地理大卦同出一原而時師用錯所以不驗惟有大五行是奇門眞訣欲知此訣只在陰陽一動一靜之間求其配合生生之妙則在在有一陰陽非干是陽而支是陰如此板格而已蓋動靜卽是山情水意卽是城門一訣卽是收山出煞用一卦法所謂龍到頭者此也所謂龍身出脈者此

也所謂龍空氣不空者此也是名眞賓主是名眞夫婦是名眞雌雄終篇又提出此二字與上篇第三章動靜中間求一語首尾相應楊公之旨抑亦微之顯矣夫

姜氏曰中篇一十三節共一百四十六句皆申明上篇第三章以下未盡之義以終平洋龍穴之變

此節總結全篇之義也地理奇門本出一原奇門有三奇地理有三吉奇門有六儀地理有六秀世人將干支方位排定版格陰陽以致誤世其中妙處惟在一動一靜即是雌雄交媾即是陰陽相見即是生生

之妙青囊大旨盡於此矣其下卷無非餘義而已
直解上數句言奇門之法世人用差所以不驗末
二句論陰陽動靜配合生生之妙陰陽非以山爲
陰水爲陽又非以干爲陽支爲陰又非以四卦屬
陽四卦屬陰又非以左水倒右爲陽右水倒左爲
陰也動靜亦非以形動爲動形靜爲靜也此所謂
動靜者即天主動動以靜而生地主靜靜以動而
成如明得天地陰陽動靜生成之奥再細細尋其
生生配合之妙元空之髓可造乎其極矣〇靜即
地凡有形者皆靜爲方爲隅形象之謂也動者天

也曰空曰氣曰健無形之謂也動者運行於上無一息之停萬物生生化化成形成象何莫不由天之動而始也成形成象卽是靜卽是動以靜而生以動而成也地惟靜其所以生萬物卽是動動者皆天始之也天不得地則無所以生地不得天則無所以成乾統坤地承天惟動故能統惟靜故能承也所云陰陽動靜配合生生與上篇求穴於動靜之中相應

一勺子曰動者方可論配合不動者雖有配合所謂死死耳何生生之有

下篇

蔣氏曰上中二篇歷叙山龍平洋正變之旨自始至終有本有末文雖斷續而義則相蒙下篇所言不過前篇餘義而錯雜言之無有條貫每章各論一事文無承接義無照應淺者極淺深者極深學者分別觀之可也

尋得眞龍龍虎飛水城屈曲抱身歸前朝旗鼓馬相應下後離鄉著紫衣

蔣氏曰此節專指山龍而言眞龍之穴龍虎分飛非其病也眞龍行急龍虎之相隨亦急急則兩砂之末

乘勢逆回有似分飛昔人指爲曜氣正眞龍靈氣發露之象也然情旣向外則人事亦應之主子孫他方發達謂之離鄉砂也

凡諸家數學之書不論何書一視皆可瞭然其僞無疑信而用之其不誤人之事者幾希矣辨正一書蔣公惻然於中逐節發揮以傳於世世人莫不推敲章句而用其深心者矣然天律有禁不敢顯言即此一節觀之兩砂齊逆龍虎分飛此眞龍結穴而曜氣發揚於外也蔣註所言情旣外向主子孫他方發達是外象不足而內象有餘也無奈世人愚蒙不醒言形

說象紛紛不已凡見砂飛之處不論眞假亦斷其子孫離鄉始發噫何其愚也余本不欲直言今註辨正須當喚醒後人旣云靈氣發露此是龍眞穴的故斷其離鄉而著紫衣也試思成名出仕不離其鄉而居於本土佐君治民者乃古今皆有之事也然書中實指之處亦屬不少豈可一概而論耶

直解此節言眞龍氣勢行盡之象恐人誤認爲羅氣故特指之

一句子曰眞龍憩息之所龍虎勢似分飛向外水城却是屈曲向內若龍虎分飛水城不抱定屬虛花山

龍先以形勢爲重也

乙字水纏在穴前下砂收鎖穴天然當中九曲來朝穴悠揚瀦畜斗量錢兩畔朝歸穴後歇定然龍在水中蟠若有聲爲數錢水催官上馬御階前

蔣氏曰自此以下八節皆平洋水局形體吉凶之辨此節言曲水纏身之格歇在穴後正前篇所謂後龍空坐正穴也數錢水假借爲義俗而巧也下砂收鎖前纏後抱故也所云天然穴者合得陰陽之氣而已幕講曰三卦一氣通九世貴無敵如合此格雖點滴亦有神功世人拘執必取口小內大若無

水纏不過隔靴搔癢耳故天元歌云淺深濶狹辨龍車此句是賓水若乘車號秀龍此句是主觀此則知楊公重形局不重水之大小明矣若不明結局眞僞縱有汪洋大水猶似鏡花水月不能措手僅供眼前之一賞而已

直解此節專言平洋砂形水法之至美者也

一句子曰此種穴情最明白爲福時固大爲禍時亦不小

安墳最要看中陽寬抱明堂水聚聚出峽結成元字樣朝來鸞鳳舞呈祥外陽起眼人皆見乙字彎身玉帶長

更有內陽坐穴法神機、出處覓仙方

蔣氏曰此言堂氣形局之美至於內陽坐穴法正前篇所謂來龍正坐及城門一卦之訣也非神機仙術烏足以語此

明堂寬曠方能納水如囊之聚如鍋之底始得疏通內外之氣形局之美恰似鳳舞鸞飛立向得法其福蔭可立而待矣

直解中陽外陽內陽即內堂外堂玉帶乙字等語總論形局砂水之至美者也再觀更有坐穴法句承上文龍空氣不空城門一卦之得與弗得而申

言之也

不拘內堂外堂水法總以止蓄團聚爲佳水法團

聚止蓄週廻自然相向有情

一勺子曰內陽中陽外陽即天玉內傳所謂三陽也

內陽坐穴即內交媾外陽立向即外交媾四神齊合

則內外兩媾水向盡源流富貴永無休也

水直朝來最不祥一條直是一條鎗兩條名爲插脇水

三條云是三刑傷四水射來爲四殺八水名爲八殺殃

直來反去拖刀殺徒流客死少年亡時師只說下砂逆

禍來極速怎堪當埢圳路街如此樣亟宜遷改免災殃

蔣氏曰此節極言直來凶格蓋水神最忌木火以其有殺氣無元氣也縱屬來朝亦有損無益況諸路交馳漏風吹泄乎旺元猶可衰運無噍類矣

煞如木火爲害尤烈必取金水土者其性厚重活潑何煞之有故天元歌云若應三垣並列宿三垣者貪狼巨門武曲也三星其形應金水土也

直解此節專言直水之凶沖射者更凶路街田塍衝射者亦忌有則改之以免災殃

一勺子曰此篇說吉凶形勢甚驗毋以其淺近而忽之

前水朝來又擺頭淫邪凶惡不知羞乾流自是名繩索
自綰因公敗可憂

蔣氏曰此曲水凶格水神雖以曲爲吉然曲處須節節整齊方合星格若擺頭斜去及如繩索樣或大或小或疎或密或正或欹皆似吉而凶縱然發福必有破敗

水本取曲必須轉折整齊如或放束斜擺兼之乾流似繩索雖曲亦無情致則吉中藏凶反爲局之所忌勉强扞之常生憂患不可不慎耶

直解穴前水形似曲非曲似直非直者謂之擺頭

似是而非最易誤人故特指之水形如此不拘左
右前後二宅均忌
一句子曰擺頭者水之凶格也如流子午卯酉方位
主淫亂不堪乾流繩索亦凶格也在辛戌主自縊在
乙辰又主溺死井
左邊水反長房死右邊水射小兒亡水直若然當面射
中子離鄉死道傍東西南北水射腰房房橫死絕根苗
貪淫男女風聲惡曲背駝腰家寂寥
一句子曰此以失元之水論若在得元又當依法以
斷其吉也東西南北水射腰凶在射腰兩字若四圍

團團水繞屋於中有人食大祿矣
左邊水反長房死離鄉忤逆皆因此右邊水反小兒傷
風吹婦女隨人走當面水反中男當斷定二房有損傷
左右中反房房絕切忌墳塋遭此刼
蔣氏曰以上數節雖義淺而辭鄙然其應甚速以其
切於用也故存之惟公位之分不可盡拘耳
反水雖凶須辨向方不可概論然凶中未嘗無吉竟
以微疵而去之悲失大地變通取用亦能發福若妄
廢而為之最易興災釀禍耳
直解天玉青囊都天寶照或言體或言用或兼體

用而言千言萬語不外趨避兩字此兩節專指砂形水法衝射反跳而言如諸般凶山惡水卽合用法亦不可因其合用而取之也

一句子曰水反水射多凶少吉雖遇天元福力亦滅一水裸頭名斷城下之雖發未爲榮兒孫久後房房絕水到砂收反主興

蔣氏曰平洋穴取近水三方皆可逼窄唯穴前明堂須寬容不迫舒展穴氣若一水裸頭穴無餘氣雖環抱亦不發若面前另有一枝水到則又以接水呈秀其逼窄之氣有所發機反爲吉爾

內外之氣暢達爲貴如或裸頭斷城其氣不舒亦有病矣必須另有一枝水接則逼狹之氣由此引通愈通愈暢所以轉凶爲吉世俗禁過去流以爲可聚豈非自欲阻滯殊屬可笑

向衛形雖環抱狹而帶淺左右前後毫無潤狹生動之意名曰斷城又名裸頭裸頭之水穴前陽氣不舒最易敗絕似吉非吉故特辨之

一句子曰與絕之機須辨毫釐裸頭水絕又有反主與之法此其精意大須會心

茶槽之水實堪憂莫作簾龍一例求穴前大逼割唇脚

不見榮兮反見愁

蔣氏曰穴前池塘水聚天心名蔭龍水本爲吉局若硬直深坑形似茶槽即非佳格或明堂寬曠猶未見凶更加急葬穴氣大泄則有凶無吉矣同一穴前池水形局軟硬立穴緩急其應不同不可不深辨也形體吉凶不在於池格局既合有池固佳無池亦佳苟非其局縱有百池則何益矣形雖寬緩亦主生災又加硬直急葬速能發禍令人不明局之是否惟知開掘爲照所謂二十四山有火坑矣

直解直硬深坑葦無動意謂之茶槽止蓄團聚照

穴有情謂之應龍若槽宜遠遠則不割脈龍宜近近則得神切不可誤認而遠近錯用也

一句子曰穴前大逼割唇脚宜升高以收其吉可也若穴無唇脚名曰水刼凶不可當

元武擺頭有多般未可慳然執一端或斜或側或正出須憑眞節對堂安擺頭眞出是分龍須取何家龍脈蹤

大山出脈分三訣未許專將一路窮

蔣氏曰元武水來本合後空活龍之格宜爲正坐之穴矣然亦須詳其來法以辨純雜定吉凶未可執一也蓋水有偏出正出不同惟眞節對堂安乃是眞元

武水若攏頭曲來而又直出前去一曲一直之間龍脈不一是謂分龍不必分兩道而後謂之分龍也須察其曲來是何脈直去是何脈細細推詳而後可定其何家蹤跡以便下卦若是水大則不止一宮之氣正坐是一脈偏左又是一脈偏右又是一脈故云分三訣也論坐後之脈精詳曲當搜剔無遺乃至於此可謂明察秋毫者耶

元武之水看其大小曲直察其來去兩口尤要分其出脈邪正或攏頭或直出詳其龍蹤辨其左右庶不錯事未可牽強而亂下也

直解擺頭言水似曲非曲之狀元武指穴後穴後之水或曲或直或向或背情狀不一難以盡舉只要與穴前一般排算故曰對堂安也

一勺子曰此節言形雖凶用之時吉則吉用之時凶則凶未可執一以論之何家龍脈脈分三訣等語直示人取用元機蔣云深者極深此等是也

家家墳宅後高懸太陽不照太陰偏必主其家多寂寞男孤女寡實堪憐

蔣氏曰此節後空之義因世人都喜後高故復叮嚀如此人但知後高爲有坐托不知其掩蔽陽光而偏

照陰氣生機斬絕人口伶仃故有孤寡之應也可不戒與尋觀人家穴後有挑築兩三重照山以補後托未有不大損人丁甚至敗絕無後者利害攸關特爲指出此節單言平洋格局若是山龍之穴又以後高爲太陽正照而吉後空爲太陽失陷而凶讀者莫錯會也

姜氏曰以上九節首節言山龍後八節言平洋皆形局也

世俗作墳不獨後挑照山甚至不量地盤大小高築圍墻造設脚坊高屋反將吉水遮蔽生氣阻塞男孤

女寡自取其咎甚可歎也

直解要在未立向以前必先撥其山向排其五行當空則空當實則實所謂龍空氣不空龍實氣不實即此意也高一寸爲山低一寸爲水高者當作山用低者宜作水論倘上山下水顛倒誤用則有寡夭之患矣○大凡山龍平崗及墩泡高埠以地氣爲主者穴後宜高水龍平洋及一切湖蕩岸邊凡以水氣爲主者穴後宜空切不可拘定後空爲是後高爲非只要後空得後空之用法後高得後高之用法總要隨地適宜高低各得不必拘拘於

後空後實也

一勺子曰山水二龍性常相反山龍之所喜者背後有峯巒左右有包抱面前有平窪所忌者元武空堈龍虎曠蕩明堂板實而水龍所喜者元武低薄且尙腦後有水左右低下尤愛龍虎界割止取面前層層高起謂之送水歸塘若後山高起太陽不照矣左右墩埠房分偏枯矣面前低下蔭氣不入矣俗術一例推之失去何啻萬里

貪武輔弼巨門龍方可登山細認蹤水去山朝皆有地不離五吉在其中

蔣氏曰此節及下文九星皆指形局而言葢見其星體合吉方登山而定其方位若形局方位皆吉即水去亦吉今人動云第一莫下去水地謬矣局合三吉乃可定卦詳其方位若形如木火不必細看矣上文再三言之此又反復咏嘆甚言吉凶攸關不可不詳辨也

直解此節專辨峯巒形局五星九星正體變體形象之吉凶山形水勢星體巒頭既吉方登山細認乃尋龍之要訣便而捷且省登山涉水之勞矣所云五吉是兼貪兼輔之五吉謂形局都合再查水

之去處果合補救出殺之妙用則來亦吉去亦吉
矣

一勺子曰不離五吉是講理氣

破祿廉文凶惡龍世人墳宅莫相逢若然誤作陰陽宅
縱有奇峯到底凶

蔣氏曰此二節專言平洋九星水法
形勢不正定主生凶縱有水朝砂揖亦未能獲其吉
應耳

直解此四龍形象之最惡者山龍平洋俱忌倘然
悞作縱有奇峯不能爲福也○水法九星曲者爲

水直者爲木方正者爲土環抱者爲金直而尖者爲火總而言之抱繞止蓄向穴有情者爲吉反背無情者爲凶如破軍祿存廉貞文曲諸般星體不論山龍平洋二宅均忌

一勺子曰玩縱有奇峯句知破祿廉文亦是講理氣蓋貪是生龍武巨是旺龍輔弼是大卦之左輔右弼必知得是生是旺然後登山認踪是何家血脈那家兄弟無論水來水去總皆有地破祿文廉是死煞平困之龍世人墳宅俱不可犯若於四凶龍身誤作陰陽二宅縱是形奇局秀到底亦凶也然龍法有顛倒

之秘余見四凶大發五吉大敗者夥矣所以必待口
傳
本山來龍立本向返吟伏吟禍難當自縊離鄉蛇虎害
作賊充軍上法場明得三星五吉向轉禍爲祥大吉昌
蔣氏曰本山本向非子龍子向丑龍丑向倒騎龍之
謂也葢指八卦納甲而言山龍有納甲本卦向法皆
淨陰淨陽其在平洋向法反不拘淨陰淨陽而以本
卦納甲干支位位作返吟伏吟凶不可當三星與五
吉不同三星言龍體五吉言卦氣消詳龍體卦氣適
中即有天然向法不犯本宮則災變爲祥矣

形局既取三星須當收全五吉方爲合格此三星或是水兼金土土兼金水金兼水土三者之中得一皆可取用本山本向何以爲害乃犯反吟之故耳

直解本山本向者本元之旺氣到山也本元之旺氣到山即是反吟伏吟三星謂金水土三星五吉謂天元取輔人地兼貪之五吉果得三星五吉即能轉禍爲祥矣細撥前後兩個向字反吟伏吟由向而起五吉亦由向而起由此觀之地之吉凶其權在向也明矣其權在五吉也更明矣苟曉五吉三星之妙理山水分用之要訣方知在山謂本山

在水卽爲十道用得爲三吉用失卽是反吟在水謂三吉在山便是本山數語當細細揣之自得五吉三星補救直達之妙用矣

一句子曰山水性情相反卽古仙秘訣五行亦與山龍以納甲爲宗水龍則名反吟伏吟卽此一端推之水龍法度不可用於山上山龍口訣不可用於水中曾序已明白指示吾願今日堪輿家山龍水龍各宗其傳各寶其妙可也余四秘書中說山龍處往往與水龍牴牾職此之由夫蔣氏辨玉尺不遺餘力矣玉尺所最重者納甲也蔣云納甲爻中應天象納甲本

是卦中元弁此註山龍有納甲本卦向法皆淨陰淨陽等句誰謂蔣氏不知玉尺者余故曰深知玉尺者無如蔣氏

又曰明得三星五吉向轉禍爲祥大吉昌是伏吟反吟本山本向弁破祿廉文凶惡龍總皆可用人力轉移所謂天下有絕向無絕龍不知者則眞犯其凶而已自絵離鄉蛇虎害不能免也故下文有龍眞穴正誤立向之論

龍眞穴正誤立向陰陽差錯悔吝生幾爲奔走赴朝廷纔到朝廷帝怒形緣所不曉龍何向墳頭下了劍官星

蔣氏曰此言龍穴雖眞而誤立本宮之向陰陽不和至於剋官也蓋地理雖以龍穴爲重發與不發專由龍穴而立向坐宮又穴中迎神引氣之主宰此處不清潔如玉之瑕不成美器矣致廣大而盡精微又何可不詳審也耶此所謂向非以山向五行起長生爲消納也亦非小元空生出剋出生入剋入之說學者愼之

姜氏曰以上四節皆言平洋理氣之用

眞龍眞穴撼龍疑二經先已發揮矣玆實照經重在點穴立向夫點穴前後左右毋許有尺寸之殊立向生

旺休四不容有毫釐之錯雖局勢不一皆以三卦定之稍有更移禍福頓殊蔣公已詳於子午卯酉四山龍節內矣上文註中所言諸卦之中隨便立向此下則又以方圓爲規矩何也辨正一書難知難明即此上下之註截然相反其云隨便者乃局局之不同其言規矩者非但不容隨便雖尺寸亦不可忽耳故天元歌云毫釐尺寸要澄清奧語云來脈明堂不可偏又云明堂十字有元微即一明堂分言爲二中有妙理存焉俗師無知竟將墓門另立一向作此駭異之爲未知是何心思陰宅不同陽宅陽宅作法或敷衍

形局或周遮墻垣比鄰疎密有虛有實一門一啟氣從此入若墳墓在於郊原其氣皆可以入墓門死物豈可強乎夫氣爲動物陽宅不論大小若有墻垣池塘亦可回風止氣易曰吉凶生乎動門路兩方或生或旺由此出入其氣即運於內致其動也陰宅反是消納山水收生出煞全在立向得法而已庸俗奸纂墓門內外兩向則何益矣試問古今名墓不封不樹兩向之說其將何辭以對娓娓不已竊勿以爲老僧常談也

直解龍既眞穴既的誤立本宮陰陽差錯之向自

有剝官之患此剝官即上節所言本山本向反吟伏吟之故也非俗註所謂沖生之剝官又非流破官旺之剝官所謂剝官者正是上山下水顛倒誤用官星受尅之剝官也

一句子曰最難得者龍眞最難得者穴正而最極難得者明師誤立向是師不明之罪也余嘗謂眞龍正穴處處皆有但其力量大小有所不同耳獨是師之明者得之實難葢眞正明師利不可動勢不可奪其才其品大過時輩萬萬千金難買一笑歡非虛語也

尋龍過氣尋三節父母宗枝要分別孟山須要孟山連

仲山須要仲山接干奇支耦細推詳節節照定何脈艮
若是陽差與陰錯縱吉星辰發不長一節吉龍一代發
如逢雜亂便參商
蔣氏曰此此等卦理中上二篇論之已詳反覆叮嚀致
其深切之意又指明發福世代久暫之應全在龍脈
節數長短故父母宗支要分別也
此言龍得純吉發可悠遠畧有差錯必多變易子孫
豈能耐久耶
眞解三節即格龍三節不亂之意父母宗枝是來
龍來脈過峽起頂之宗枝分別過峽起頂屬何卦

之宗枝則知來龍來脈之合不合矣孟山仲山郎子字出脈子字尋之意看准何干來脈何干入首細細從來龍來脈上看到立穴處干與支體與用一綵不亂方謂之真如有一毫差錯則吉中有凶不成美器矣可不加意細察乎是節辨純雜定吉凶看節數定久暫乃方位理氣之最要者也故又叮嚀之耳

一句子曰似此詳晰明白示人俗術之不悟哀哉

先識龍脈認祖宗蜂腰鶴膝是眞踪要知吉地行龍止兩水相交夾一龍夫婦同行脈路明須認劉郎別處尋

平洋大水收小水不用砂關發福久水口石似人物形定出擎天調鼎臣

蔣氏曰此節兼論山龍平洋言山龍眞脉則取蜂腰鶴膝爲過峽而平洋則不然只取兩水相交爲來龍行脉不在過峽上看脉也但須脉上推求識干支純雜夫婦配合之理如此宮不合又當别求一宮不可牽强誤下故云劉郎别處尋且山龍取砂爲關而平洋不用砂關只要大水行龍收入小水結穴有此小水引動龍神千流萬派其精液皆注歸小水以蔭穴氣此平洋下穴秘旨一語道破混沌之竅鑿矣觀此

則知所謂兩水相交非謂左右兩水會穴前而龍從中出謂之行龍也正謂大水與小水相交之處乃眞龍之行眞穴之止也既有小水收盡源頭又何用砂水之爲我用與否豈砂之攔阻能強之者耶人且不可強而況於水若水口捍門此山龍大地雄峙一方之勢蓋將山比擬楊公秘愼之旨互文隱意雖若並陳大旨偏重平洋而以山龍相映發以辨其不同途爾學者貴言外會心若不知剖析而視爲一合之說將雜亂而無緒矣

山龍結地務以束氣爲主若有蜂腰鶴膝其去不遠

而平原之地不在過峽砂關處推求惟在兩水相交中着眼大水收小水則氣已止矣此節並舉大小言之其意不重大水蓋大水仍屬公共之物小水乃爲一己所獨有雖點滴亦是元神但小水爲枝枝取其嫩愈細愈佳收盡源頭精液歸注於此試觀凡物之菓不在於幹而在於枝蓋枝嫩則易發生觀此則龍亦賤老而貴嫩也明矣故天元歌云若遇嫩山并嫩水又云若是嫩龍眞是嫩其意深矣然龍雖以嫩爲貴枝枝豈能結穴卽結穴矣亦有大小衰旺之不同又有耐久不耐久之別竟有嫩枝全不結穴之山而

下文即接劉郎別處尋之語所謂天下諸書對不同者即此意也然不同之中又有同者讀者不可拘泥也

直解束細者為蜂腰收而畧放者為鶴膝此皆象形也眾水去處為水口又為去口內有眞結水口必有大石當眾水之衝關攔水口其石如琴劍印尺龜蛇牛馬之形者定出擎天調鼎之臣如蘇郡之范墳水中有靈石俗呼曰魁星石又宜興忠烈盧公之祖墳水口有大石一塊廣濶數丈形方如印正當眾水之口忠烈亦是明季一代之人物正

是擎天之應驗也

一句子曰蜂腰鶴膝認山脈之眞踪大水收小水認水龍之眞蹤

龍若眞來不帶關支兼干出是福山立得吉向無差誤

催祿催官指日間

蔣氏曰此亦上下二篇所已詳蓋以四正爲例而其餘自在言外非位位取地支也

地理妙用前已曲盡精蘊此篇皆是餘義不過反覆咏嘆而已

直解此節言山水二龍形雖帶直只要不帶欹斜

反跳僵直死硬種種關煞用得安妥亦能發福不
可因其形直而棄之也

一句子曰剝官星節見立向之誤此節催官催祿見
立向之無誤蓋山水是天生的立向是人爲的眞知
者必不至誤不知者形得不誤甚哉貴得明師也

乾坤艮巽脈過四節節同行不混淆向對甲庚壬丙水
見孫列土更分茅伸山過脈不帶關三節山水同到前
斷定三代出官貴古人準驗無虛言

蔣氏曰此則單言四隅龍格反取干神並不言及辰
戌丑未則其非專重地支可知矣脈是內氣而向對

之水是外氣兩不相妨也楊公辨龍審卦之妙口口說重地支而本旨實非重地支世人被他瞞過多矣豈知一隻眼逗漏於此學者其毋忽哉

此節言乾坤艮巽而不及辰戌丑未即上篇所謂夫婦宗也且上文之四正支兼於干爲福山豈有四隅龍格獨不可兼辰戌丑未乎蔣公云世人被他瞞過多矣然楊公書中每逢喫緊之處何曾有片言之漏乃傳書不傳訣之意耳

直解上節言直來不帶關殺則易此節言屈曲而求其不雜則難果能去來屈曲節節整齊夫婦同

行不偏不倚一絲不亂更兼山水純一體用一氣
自有列土分茅之貴矣過脈節數等語總言世代
久暫之應驗也
一句子曰內外氣其要總在立向一毫少差內外二
氣俱失矣
發龍多向支神取若是干神又不同支若截干爲夫婦
干若帶支是鬼龍子癸爲吉壬子凶三字眞假在其中
乾坤艮巽天然穴水來當面是眞龍要識眞龍結眞穴
只在龍脈兩三節三節不亂是眞龍有穴定然奇妙絕
千金難買此元文福緣遇者毋輕洩依圖立向不差分

富貴榮華無休歇時師不明勉強扞雖發不久卽敗絕

蔣氏曰發龍多取支神此乃用支之卦也干神不曰無取而乃曰若是干神又不同明明有用干之時而特與用支者不同爾干帶支爲鬼龍只就子癸壬子一宮爲例其眞其假三字之中迥然差別何以乾坤艮巽獨名天然穴葢眞以乾坤艮巽爲龍不更轉尋名相故曰天然若他龍則干支卦位非一名矣水來當面是眞龍此語石破天驚鬼當夜哭葢乾坤艮巽之穴又與取支惡干者不同覩此則實照之訣實非單重支神洞然明白矣至於格龍之法只要兩三節

不差錯則卦氣已全不必更多求於四五節之外恐人拘泥太過遇着好龍當面錯過所以發此非楊公遷就之說也但此兩三節定要清純若到頭節數畧有勉強不能無誤又戒作者其難其愼也

二十四山皆有龍發本不拘於干支用干用支均有好處然干支俱是現成名色用取在人然一宮之內尚有吉凶眞假之分禍福只在一間耳所以山山有珠寶珠寶遍地在人取用何如耳所謂頑山頑水盡黃金者是也世俗嘗言某州某縣已無佳穴夢中𡧇眼何有特見縱有可產珠寶之山能生黃金之地若

經此輩之手亦必變成火坑矣所云乾坤艮巽其意非重支神而輕干神也再觀下文四隅之龍穴曰天然亦可見矣非楊公不能出此語無蔣公何能評此經合之可稱雙絕矣

直解四正之龍支神爲主四隅之龍干神爲主正與維干與支妙在用支之卦則用支用干之卦則用干在用支之時則用支在用干之時則用干貴在各得其用耳惟乾坤艮巽又與用干用支者有異只求水來當面便是真龍是非專重地支可知矣自三節不亂以下皆格龍之法也

一句子曰四正之卦重支四維之卦重干非重干支
也實重值運之爻受氣宏大耳水來當面是眞龍是
以水爲龍之訣水神二三節曲折總是一卦龍脈眞
矣再要立向不差篇末特戒時師須明此義其告誡
來學之心切矣

一個星辰一節龍龍來長短定枯榮孟仲季山無雜亂
數產人龍上九重節數多時富貴人一代風光一節龍

蔣氏曰此亦論平洋龍神節數以定世代遠近之應
總在行度之純雜上斷也

姜氏曰以上六節皆言平洋大五行之法蓋中上二

篇所以明而反覆互見者也

此言發之長促雖以節定亦未可拘拘於一格也顧或者曰山龍多悠久水龍易歇滅信斯言也則山龍勝於水龍也殊不知水龍亦有悠久者山龍亦有短促者總以地之大小分長促不在地之山洋分優劣也而地之大小長促亦看主家之德澤何如耳若不明大卦之妙用受氣爽雜必致自誤誤人甚至敗家絕嗣亦可悲也細觀此書章句節節訂其紕繆句句析其是非學者從此入門則庶乎其不差矣

直解水法一曲一折便爲一節凡曲動處水之情

形總以相向抱穴有情者爲佳如龍來長短正謂愈曲而愈妙也曲多則易於夾雜如果曲曲折折或孟或仲均歸一路者大貴之地也世代久暫之應都在曲折純雜向背上古驗也

一句子曰篇終發明時代久遠指出龍神純雜之義其心長其思遠楊公之名垂天壤斯道俎豆有以也

夫

玉尺辨僞序

一勺子曰韓公力闢佛骨而佛骨長存王公欲諫天書而天仙不朽蓋仙佛亦自有可存不可朽者在也固非天下之有大力者可得而闢之滅之也蔣中陽之辨玉尺其韓公乎其王公乎夫玉尺之於地學比之三教亦仙佛等青囊則論孟學庸玉尺則陰符同契耳蓋玉尺亦自具一能存不能朽者在焉曾序云山上龍神不下水水裡龍神不上山蔣云山上五行用以排山水中五行用以排水分路揚鑣不相假借是明明知山上之五行不可用於水水上之五行不

可用於山其口既已明白言之而心尚未透徹也吾謂深知玉尺者無如蔣公但激於近世之習堪輿者未得玉尺皮毛因僞承僞若不極力闢之毀之不惟玉尺山法被僞法淆亂即水龍平崗諸大法亦未得大白於天下也其體未立其用何歸猶吾儒未盡力於子臣弟友而高談虛無立闢耳是以艱苦思維必欲如韓公之人其人火其書而不爲王公之美珠籍其口也此中陽辨駁苦衷歟雖然玉尺之龍法九星水法八星沙法七星正山上龍神之至精至微剋期剋應之眞學問但一爲僞謬淆亂一爲俗術撰綴神

文所存葢已無幾此玉尺之所以可辨可證無怪乎蔣氏辨正之作也第天玉曾序諸篇嘗閲坊間刻本不下數十種惟蔣氏傳註獨得其眞此外爲俗術所撰其僞訏淆亂者何可勝道思如蔣氏之去僞存眞獨開生面補註一冊皆是平洋秘義乃中陽不肯洩者盡洩之矣恐犯造物之忌豈可因玉尺之稍貶而不爲造化留有餘不盡之旨乎因志其大畧仍錄辨僞各篇以成完書且不失作者之苦衷焉

一句子識於筍峯石室

平砂玉尺辨僞總論

地理多僞書平砂玉尺者僞之尤者也或曰是書也以世目視之儼然經也子獨辨其僞何居曰惟世皆以爲經也余用是不能無辨今之術家守之爲金科玉律如蕭何之定漢法苟卅此不得爲地理之正道術士非此不克行主家非此不敢信父以教其子師以傳其弟果能識此卽可以自號於人曰堪輿家延之上坐操人身家禍福之柄而不讓拜人酒食金帛之賜而無慚是以當世江湖之客寶此書爲衣食之利器譬農之耒耜工之斧斤其於謀生之策可操券

世俗人情
弊端一一
指出見者
無不惻然

而得也有朝開卷而成誦暮挾南車以行術者矣豈知其足以禍世如是之酷哉知其禍世而不辨余其無人心者矣或曰是書之來也遠矣子又安知其爲僞也乃從而辨之曰我亦辨之以理而已矣或曰此亦一理也彼亦一理也安知子之理是而彼之理非歟曰余邀惠於先之賢哲而授余以黃石青烏楊公幕講之秘要竊自謂於地理之道得之眞而見之確矣故於古今以來所謂地理之書無所不覽凡書之合於秘要者爲眞不合秘要者爲僞而此書不合之尤者也既得先賢之秘要又嘗近自三吳兩浙遠之

齊魯豫章八閩之墟縱觀近代名家墓宅以及先世帝王聖賢陵墓古蹟考其離合正其是非凡理之取驗者爲眞無所取驗者爲僞而此書不驗之尤者也故敢斷其僞也蓋以黃石青烏楊公幕講斷之以名家墓宅先世古蹟斷之非余敢以私見臆斷之也或曰然則秉忠之譔伯溫之註非與曰此其所以爲僞也夫地理者裁成天地之道輔相天地之宜以經邦定國禍福斯民者也三代以上明君哲相無不知之世道下衰其道隱秘而寄之乎山澤之癯逃名避世之士智者得之嘗以輔翼興王扶持景運而其說之

至者不敢顯然以告世也文成公之事明太祖其最著者矣及其沒也盡舉生平所用天文地理數學之書進之內府從無片言隻字存於家而教其子孫況肯著書立說以傳當世耶故凡世本之稱青田者皆僞也均之佐命之英知青田則知秉忠矣或曰何是書之文辭井井乎若有可觀者也曰其辭近是其理則非葢亦世之通人而不知地理者以意爲之而傳會其說託之乎二公者也余特指其謬而一一辨之將以救天下之溺於其說者

堪輿書葢有數十百種種種都是巒頭詳而且盡

惟青囊寶照諸經自黃石公傳下及管郭楊曾都宗此法自唐一行起諸法雜出以僞亂眞於是正法失傳僞法大行

國初蔣平階先生受無極之學窮究多年故作此書句句申明青囊之奧旨删邪表正之深意也凡有地理書都託名管郭楊賴四大名家從古如斯謂之奈何惟讀者察其眞僞可也

辨順水行龍

山龍之脈與平壤龍脈皆因水以驗其脈之動靜而皆不即水以限其脈之去來今先言山龍夫山剛質

也水柔質也山之孔竅而水出焉故兩山之間必有一水山窪之處卽水流行之道水隨山而行非山隨水而行也山之高者脈所從起山之卑者脈所從止山自高而卑故水亦從之自高而卑此一定之理也往往大溪大澗之傍小幹龍所憩大江大河之側大幹龍所休焉蓋來山之衆支聚乎此故來水之衆派亦聚乎此也然據水之順逆論脈之行止但可就其大概而言爾若必謂水於此界脈卽於此斷水向左流脈必不向右行則不可也夫龍脈之起伏轉摺千變而不窮有從小江小湖崩洪而過者矣有從大江

大河越數十百里不知其蹤跡端倪而過者矣有收本身元辰小水逆行數里而結者矣有向大幹水逆奔數百里而結者矣龍之眞者水愈斷而其過脈愈奇勢愈逆而其骨力愈壯豈一水之橫流可過之使斷牽之使前乎今玉尺云順水直衝而逆回結穴方知體段之眞若逆水直衝而合襟在後斷是虛花之地衆水趨歸東北而坤申之氣施生羣流來向震辰而乾亥之龍毓秀甲卯成胎不食酉辛之氣午丁生意豈乘坎癸之靈據此而言是天下必無逆水之龍也豈其然哉或曰子所言者山龍也玉尺所言平壤

也故其言曰乾源曠野鋪氈細認交襟極隴平坡月
角詳看佳結山龍有脈可據故有逆水之穴平壤無
脈可尋止就流神之去來認氣之行止豈與山之過
峽起伏同年而語乎子生平專分山水二龍以正告
天下何又執此論也解之曰平壤固純以流神辨氣
與山之脈峽不同至以水之來去爲氣之行止則我
不取我以爲酉辛水到則甲卯之胎愈眞坎癸流來
則午丁之靈益顯坤申施氣衆水必無東北之趨乾
亥成龍羣流必無巽辰之向由此而言玉尺不但於
山龍特行特結之妙茫然未知且於平壤雌雄交媾

之機大相背謬至其総論三大幹龍而以爲北幹乃崑崙之丑艮出脈而龍皆坤申南幹乃崑崙之巽辰出脈而龍皆乾亥中條乃崑崙之寅甲卯乙出脈而龍皆庚酉辛註者遂實其辭曰北幹無離巽艮震穴中幹無震巽艮穴惟庚止有南離臨安止有坤兌八閩止有坤申固哉玉尺之言龍也夫舉天下之大勢大抵自兌之震自乾之巽自坤之艮者地勢之從高而下然也至於龍之剝換傳變豈拘一方眞脈性喜逆行大地每多剝祖若執此書順水直衝之說遇上格大地反以爲不合理氣而棄之而專取傾瀉奔流

蕩然無氣之地誤認爲眞結而葬之其貽害於人爲有限量余故不得已故叮嚀反覆以辨之也

長白盛京及口外一切是北幹太行山東泰山關中順天河南湖北安慶淮徐此皆中幹建康即江寧臨安即杭州從雲南貴州四川湖南江西福建浙江天目黃山九華諸山由甯國而至江南即東南紅毛諸國都是南幹分枝大約長江與黃河發源之處即是南幹分枝分派之所

辨貴陰賤陽

易曰立天之道曰陰與陽惟此二氣體無不具用無

不包是二者不可偏廢故曰孤陽不生獨陰不長是
二者未嘗相離故曰陽根於陰陰根於陽舍陽而言
陰者非陰也舍陰而言陽者非陽也聖人作易必扶
陽抑陰者何也曰道一而已故曰乾分而爲二而名
之曰坤以兩儀之對待者言曰陰陽以一元之渾然
者言惟陽而已言陽而陰在其中矣而就人事言則
陽爲君子陰爲小人内君子外小人爲泰内小人外
君子爲否由此言之陽與陰不可分也茍其分之則
貴陽賤陰如聖人之作易可也若貴陰賤陽是背乎
聖人作易之旨而亂天地之正道也玉尺乃以艮巽

震兌四卦爲陰之旺相而貴之以乾坤坎離四卦爲陽之孤虛而賤之卽以納甲八干十二支丙納於艮辛納於巽庚納於震而亥卯未從之丁納於兌而巳酉丑從之十者皆謂之陰而貴以甲納乾以乙納坤以癸納坎而子申辰從之以壬納離而午寅戌從之十者皆謂之陽而賤於是當世之言地理者不論地之眞僞若何凡見陰龍陰水陰向則概謂之吉而見陽龍陽水陽向則概謂之凶此乖謬之甚者也夫吉凶之理莫著於易易六十四卦各有其吉各有其凶八卦六十四卦之父母也豈有四卦純吉四卦純凶

之理八干十二支亦然吾謂論地止論其是地非地不當論其屬何卦體屬何干支若果龍眞穴的水神環抱坐向得宜雖陽亦吉也若龍非眞來穴非眞結砂飛水背坐向偏斜雖陰亦凶也又拘所謂三吉六秀而以爲出於天星考之天官家言紫微垣在中國之壬亥方而太微垣在丙午方天市垣在寅艮方且周天二十八宿分布十二宮皆能爲福皆能爲災地之二十四干支上應列宿亦猶是也何以在此爲吉在彼爲凶此與天星之理全乎不合至謂乾坤爲老亢辰戌爲魁罡丑未爲暗金殺種種悖理夫乾坤乃

諸卦之爻拜六子皆其所產何得為凶老嫩之辨在於龍龍之出身嫩即乾坤亦嫩也龍之出身老即巽辛兌丁亦老也斗之戴匡爲魁斗柄所指爲天罡此樞斡四時斟酌元氣造化之大柄也理數家以爲天罡所指衆殺潛消係吉如之而反以爲凶耶五行皆天地之經緯何獨忌四金且庚酉辛金之最堅剛者也既不害其爲吉而獨忌四隅之暗金甚無謂矣諸如此類管郭楊賴從無明文不知妄作流毒天下始作俑者其無後乎我不禁臨文而三歎也

辨龍五行所屬

盈天地間止有八卦先天之位曰乾坤定位山澤通氣風雷相薄水火不相射八卦總之陰陽而已山陽澤陰雷陽風陰火陽水陰皆兩儀對待之象對待之中化機出焉所謂元牝之門是爲天地根一陰一陽之謂道八卦者天地之體五行者天地之用當其爲體之時未可以用言也故坎雖爲水此先天之水不可以有形之水言也離雖爲火此先天之火不可以有形之火言也故艮爲山而不可以土言也兌爲澤而不可以金言也震巽爲風雷而不可以木言也故以八卦屬五行而論龍之所屬者皆非也若論後天

方位八卦而以坎位北而爲水以離位南而爲火以震位東而爲木以兌位西而爲金似矣四隅皆土也又何以巽木乾金不隨四季而隨春秋耶此八卦五行之一謬也及論二十四龍則又造爲三合之說復傅（音輔俗作附非）會之以雙山更屬支離牽強而全無憑據夫旣以東南西北爲四正五行則巳丙丁皆從離而爲火亥壬癸皆從坎而爲水寅甲乙皆從震而爲木申庚辛皆從兌而爲金辰戌丑未皆從四隅而爲土猶之可也今又以子合辰申而爲水幷其鄰之坤壬乙亦化爲水以午合寅戌而爲火幷其鄰之艮丙辛

亦化爲火以卯合亥未而爲木并其鄰之乾甲丁亦化爲木以酉合巳丑而爲金并其隣之巽庚癸亦化爲金論八卦則卦爻錯亂論四合則方位顛倒此三合雙山之再謬也所謂多歧亡羊朝令夕改自相矛盾不特悖於義理而亦不通於辭說者矣又以龍脈之左旋右旋而分五行之陰陽曰亥龍自甲卯乙丑艮寅壬子癸方來者爲陰木龍亥龍自未坤申庚酉辛戌乾方來者爲陽木龍其餘無不皆然謬之謬者也又以龍之所屬而起長生沐浴冠帶臨官帝旺衰病死墓絕胎養又以龍順逆之陰陽分起長生曰陽

木屬甲長生在亥旺於卯墓於未陰木屬乙長生在午旺於寅墓於戌其餘無不皆然舉世若狂以爲定理眞可哀痛夫五行者陰陽二氣之精華散於萬象周流六虛盈天地之內無處不有五行之氣無物不具五行之體今以龍而言則直者爲木圓者爲金曲者爲水銳者爲火方者爲土又窮五行之變體而曰貪狼木巨門土祿存土文曲水廉貞火武曲金破軍金左輔土右弼金五行之變盡矣此楊曾諸先覺明目張胆以告後人者也夫此九星五行者或爲起祖之星或爲傳變之星或爲結穴之星或爲夾從輔佐

之星或兼二或兼三或兼四甚而五星俱變則地大
不可名言此以見五行者變化之物未有單取一行
不變以爲用者也今不於龍體求五行之變化而但
執方位論五行之名字是使天地之生機不變不化
取其一盡廢其四矣又從方向之左右旋分五行之
陰陽是使一氣之流行左支右絀得其半并未全其
一矣試以物產言之隨地皆生五材若曰南方火地
無大水北方水地不火食西方金地不產名材東方
木地不產良金有是理乎試以稟性言之盡人皆具
五德若曰東方之人皆無義西方之人皆無仁北方

之人皆無禮南方之人皆無智有是理乎且獨不觀四時之流行乎春氣一噓而萬物皆生不特東南生而西北無不盡生秋氣一肅而萬物皆落不特西北落而東南無不盡落是生殺之氣不可以方隅限也又不觀五材之利用乎棟梁之木過斧斤而成材入治之金須煆煉而成器大塊非耒耜不能耕耘清泉非爨燎不能飲食道家者流神而明之故有水火交媾金木合并之義以爲大丹作用即大易既濟歸妹之象也故曰識得五行顛倒顛便是大羅仙相生者何嘗生相尅者何嘗尅乎今玉尺曰癸壬來自兌庚

乃作備全之象坎水迎歸寅卯名為領氣之神金歸火位自焚厥屍木入金鄉依稀絕命火龍畏見兌庚遇北辰而自廢東震愁逢火劫見西兌而傷魂是山川有至美之精英而以方位廢之也且五行之論生旺墓而亦限之以方位其說起於何人若以天運言之陽升則萬物皆生陰升則萬物皆死無此生彼死此死彼生之分也若以地脈言之有氣則在在皆生無氣則在在皆死無此生彼墓此旺彼衰之界也今龍必欲自生趨旺自旺朝生水必來於生旺去於囚謝砂之高下亦如之皆因誤認來龍之五行所屬於

是紛紛不根之論咸從此而起也更有謂龍之生旺墓若不合則有立向消納之法或以坐山起五行或以向上論五行不知山龍平壤皆有一定之穴生成之向豈容刪牽字義以意推移朝向論五行固爲乘謬坐山論五行亦未爲得也玉尺又兩可其說曰可合雙山作用法聯珠之妙宜從卦例推求尊納甲之宗又何其鼠首兩端從無定見耶我願世之學地理者山龍只看結體之五星平壤止看水城之五星此乃五行之眞者苟精其義雖以步武楊賴亦自不難至於方位五行不特小元空生尅出入宗廟洪範雙

山三合斷不可信卽正五行八卦五行亦不可拘此關一破則正見漸開邪說盡息地理之道始有入門嗟乎我安得盡洗世人之肺腑而曉然告之以元空大卦天元九氣之眞訣使黃石青囊之秘昭昭乎若揭日月而行也哉

辨四大水口

夫四大水口有至理存焉楊公書中未嘗發露惟希夷先生闡關水法倡明八卦之理而四大水口之義寓於其中此乃黃石公三字青囊所固有楊公特秘而不宣卽希夷繼引而不發也今人不知天元八卦

之妙用妄以凡庸淺見測之遂以爲辰戌丑未爲五行墓庫之方輙以三合雙山傅會之曰乙丙交而趨戌辛壬會而聚辰斗牛納丁庚之氣金羊收癸甲之靈嗚呼謬矣以三合五行起長生墓庫之非即龍上五行左旋爲陽右旋爲陰而同歸一庫穿鑿不通之論前篇皆已辨之獨此四大水口原屬卦氣之妙用靑囊之正訣而亦爲此輩牽合錯解以僞亂眞余每開卷至此不勝扼腕故又特舉而言之夫圖南先生八大局皆從洛書八卦中來一卦有一卦之水口舉四隅之卦而言則有四若兼四正之卦而言其實有

入然括其要旨卽一水口而諸卦之理已具學者苟明乎此山河大地布滿黃金矣特以天心所秘非人勿傳故不敢筆之於書聊因俗本微露一端在有夙慧者死心自悟若以爲陽艮龍丙火交於乙墓於戌陰亥龍乙木交於丙亦墓於戌以爲天根月窟雌雄交媾立竅相通種種癡人說夢總因誤認諸家五行不知卦氣之理以訛傳訛盲修瞎煉吾徧觀古來帝王陵寢以及公卿名墓何嘗有合此四語者若用此四語擇得合格之地總與地理眞機無涉其爲敗絕亦猶是也所謂勞而無功聞余言者不識能惕然有

動於中否

辨陰陽交媾

天地之道不過一陰陽交媾而已也地有一大交媾萬物各有一交媾變變化化施之無窮論其微妙莫可端倪而實有其端倪故曰元牝之門是爲天地根地理之道若確見雌雄交媾之處則千卷青囊皆可付之祖龍矣斯理甚秘而實在眼前若一指明綱目可覩然斷不從五行生旺墓上討消息也玉尺乃曰有乙辛丁癸之婦配甲庚丙壬之夫又曰陰遇陽而非其類號曰陽差陽見陰而非其耦名曰陰錯仍取

必於乙丙之墓戌辛壬之墓辰丁庚之墓丑癸甲之墓未此眞三家村學究之見也夫陰陽之交媾自然而然不由勉強亦活潑潑地不拘一方豈可以方位板格死煞排算乎即以天地之交媾者言天氣一降地氣一升而雨澤斯沛矣予能預定天地之交於何方合於何日乎更以男女之交媾者言陽精外施陰血內抱而胎元斯孕矣子能預擬胎孕之何法而成何時而結乎知天地男女之不可以矯揉造作則知地理之所謂天根月窟亦猶是矣此惟楊公都天寶照言之鑿鑿不啻金針暗度余因辨玉尺之謬而偶

泄於此具神識者精思而冥悟之或有鬼神之告也

辨砂水吉凶

今之地理家分龍穴砂水爲四事或云龍雖好穴不好或云龍穴雖好砂水不好何異癡人說夢古之眞知地理者只有尋龍定穴之法無尋砂尋水之法正以雖有四者之名而其實一而已矣穴者龍之所結水者龍之所源砂者龍之所衛故有是龍則有是穴有是穴則有是砂水未有龍穴不眞而砂水合格者也亦未有龍眞穴的而砂水不稱者也玉尺反曰龍穴之善惡從水猶女人之貴賤從夫穴雖凶而水吉

倘集諸祥是以本爲末以末爲本顛倒甚矣且其所謂吉凶者只取四生三合雙山五行論去來之吉凶而以來從生旺去從墓絕者爲吉反此者爲凶殊屬可笑又以砂水之在淨陰方位者爲吉在淨陽方位者爲凶尤爲拘泥夫水之吉凶只辨天元衰旺之氣砂者借賓伴主只要朝拱環抱其形尖圓平正秀麗端莊皆爲吉曜若斜飛反去破碎醜拙則爲凶殺或題之曰文筆曰誥軸曰御屏曰玉几曰龍樓曰鳳閣曰仙橋曰旗幟曰堆甲屯兵曰烟花粉黛諸般名色皆以象取之類應之而不可拘執亦須所穴者果是

眞龍胎息精靈翕聚而后一望臚列皆具珍膳爾假如一山數塚同見貴砂而一塚獨發其餘皆否豈非貴之與賤在龍穴而不關於砂乎況四神八國僉起星峯皆堪獻秀何必淨陰之位則吉淨陽之位則凶龍穴無貴陰賤陽之分砂水又豈有貴陰賤陽之分耶其云文筆在坤申爲詞訟旌旗見子午爲刼賊高峯出南離恐驚回祿印星當日馬必遭瞽疾乾戌有鼓盆之殺坤流爲寡宿之星寅甲水瘋疾纏身乙辰水投河自縊又云未離胎而夭折多因沖破胎神纔出世而身亡蓋爲擊傷生炁四敗傷生雖有子而母

明父暗旺神投浴恐居官而淫亂可羞諸如此類不可枚舉立辭愈巧其理愈虛一謬百謬難以悉辨總以大旨曰廢五行衰旺之說破陰陽貴賤之名可以論龍穴即可以論砂水矣我於是書取其四語曰本主興隆殺曜變爲文曜龍身微賤牙刀化作居刀此則沙中之金石中之玉也采葑采菲無遺下體故特舉而存之

辨八煞黃泉祿馬水法

水法中有祿上御街馬上御街其說鄙俚不經而最能使俗人艷慕又有黃泉八煞二種禁忌使人望而

畏之若探湯焉我以爲其說皆妄也夫祿馬貴人起例見於六壬在易課中已屬借用與地理祿命皆無干涉世人學術無本一見干支便加祿馬推命家用之地理家亦用之東那西借以張之子孫繼李之祖宗血脈不通鬼神不享此在楊曾以前從不見於經傳後之俗子妄加添設不辨自明夫地理之正傳止以星體爲巒頭卦爻爲理氣舍此二者一切說元說妙且無所用之況其鄙俗之甚者乎其所稱馬貴者亦有之矣曰貴人曰天馬此皆取星峯而爲名不在方位也水之御街亦以形論非以方言至於八煞黃

泉尤無根據全然揑造更與借用者不同夫天地一元之氣周流六虛八卦方位先天後天互爲根源環相交合相濟爲用得其氣運則皆生違其氣運則皆死但當推求卦氣之興衰以爲趨避耳從無此卦忌見彼卦此爻忌見彼爻之理若失氣運則巽見辛艮見丙兌見丁坤見乙坎見癸離見壬震見庚乾見甲本宮納甲正配尙足以興妖發禍若得氣運雖坎龍坤兔震猿巽雞乾馬兌蛇艮虎離猪而卦氣無傷諸祥自致我謂推求理氣者須知有氣運隨時之眞殺實無卦爻配合之煞曜舍眞煞之刻期刻應剝膚切

骨者不知避而拘拘忌八曜之假殺亦可悲矣黃泉即四大水口而強增名色者也故又曰四個黃泉能殺人辰戌丑未爲破軍四個黃泉能救人辰戌丑未爲巨門故又文飾其名曰救貧黃泉夫既重九星大元空水法則不當又論黃泉矣何其自相矛盾一至於此或亦高人心知其誣而愚無以解世人之惑故別立名色巧爲覔譬則未可知也其實則單論三吉水可矣不必論黃泉也且黃泉所忌於彼所言淨陰淨陽三合生旺墓水法皆不盡合若論陰陽則乙忌巽是矣而丙則同爲純陰庚丁忌坤申癸忌艮辛忌

乾是矣而壬則同爲純陽何以亦忌此於淨陰淨陽自相矛盾也若論三合五行則乙水向見巽丁木向見坤辛火向見乾癸金向見艮同爲墓絕方忌之是矣丙火向見巽庚金向見坤壬水向見乾甲木向見艮皆臨官方也何以亦忌此於三合雙山自相矛盾也我即彼之謬者而以証其謬中之謬雖有蘇張之舌亦無辭以復我矣玉尺遂飭其說曰八煞黃泉雖云惡曜若在生方例難同斷此眞掩耳盜鈴之術既云惡曜矣又焉得云生方既云生方矣又焉得稱惡曜孰知惡曜固不眞而生方亦皆假也或者又爲之

解曰黃泉忌水去而不忌來或又曰忌來而不忌去總屬支離茫無一實我謂運氣乘旺雖黃泉而但見其福運氣當衰雖非黃泉而立見其禍苟知其要不辨自明而我偲偲然論之不置者以世人迷惑已久如墮深坑無力自脫多方曉譬庶以云救也嗚呼當世亦有見余此心者耶

辨分房公位

夫葬者所以安親魄也親魄安則眾子皆安親魄不安則眾子皆不安今之世家巨族往往累年不葬甚至遲之又久終無葬期一則悞於以擇地爲難再則

悞於拘分房之說一子之家猶可子孫愈多爭執愈甚遂有挾私見以提防用權謀以自便者矣有時得一吉地或於旁人之言以爲不利於已而阻之者阻之不已竟葬凶地同歸於盡亦可哀哉原其故皆地理書公位之說爲之禍根使人滅倫理喪良心無所不極其至也豈知葬地如樹木根荄得氣則衆枝皆榮根荄先撥則衆枝皆萎亦有一枝榮一枝萎者外物傷殘之耳葬親者但論其地之吉凶斷不可執房分之私見吾觀歷來名宗巨室往往共一祖地各分均發者甚多亦有獨發一房或獨絕一房者此有天

焉不可以人之智巧爭也或問曰然則分位之說全謬矣又何以有獨發獨絕者耶曰是固有之而非世人之所知也其說在易曰震爲長男坎爲中男艮爲少男巽爲長女離爲中女兌爲少女孟仲季之分房由此而起也然其中有通變之機非屬此卦卽應此子應此女之謂也玉尺乃云胎養生沐屬長子冠臨旺衰屬仲子病死墓絕屬季子卽就彼之言以折之生則諸子皆生矣旺則諸子皆旺矣死絕則諸子皆死絕矣何爲以此屬長以此屬仲以此屬季曰亦以其漸耳折之曰以爲始於胎養繼而之旺既而死絕

似矣若有四子以徃則又嘗如何耶其轉而歸於生旺耶抑另設何名以應之耶此不足據之甚者也世人甚勿惑於其說也

總論後

蔣子作玉尺辨僞旣成或問曰子於是書訛謬辨之則旣詳矣子謂吉凶之理存乎地而非方位之所得而限也然則八干四維十二支舉無有吉凶之當論乎曰何爲其然也我正謂八干四維十二支皆分屬乎卦氣夫卦氣吉凶之有辨蓋灼灼矣而特非淨陰淨陽雙山三合生旺墓之云云也乃若青囊正理方

位之辨實有之其秘者不敢宣泄姑就玉尺之文以概舉之玉尺所畏者曰乙辰曰寅甲而以青囊言之乙之與辰寅之與甲相去不啻千萬里也有時此吉而彼凶有時此凶而彼吉者矣所最羨者曰巽巳丙而以青囊言之巽巳之與丙相去亦不啻千萬里也有時此吉而彼凶有時此凶而彼吉者矣所最欲分別而不使之混者曰丙午丁曰乾亥曰甲卯乙曰辰巽曰丑艮寅而以青囊言之午之與丙丁亥之與乾卯之與甲乙巽之與辰丑寅之與艮所爭不過尺寸之間而已有時而吉則必與之俱吉有時而凶則必

與之俱凶矣今乃於其當辨而不可不辨者如黃精之與鈎吻附子之與烏頭一誤用之而足以入口傷生者反置之不辨於其易辨而可以不辨者如白粱之與黑秬異色而皆可以養人堇之與鴆異類而皆可以殺人者屑屑焉悉舉而辨之彼自以爲智而乃天下之大愚也且生旺死絕之說青囊未嘗不重之故葬書曰葬者乘生氣也卦氣之所謂生非三合五行之所謂生卦氣之所謂旺非三合五行之所謂旺卦氣之所謂死絕非三合五行之所謂死絕且地氣之大生旺不知趨而區區誤認一干一支之假生旺

而求迎之地氣之大死絕不知避而區區誤認一干一支之假死絕而思避之悲夫所謂雀以一葉障目而謂彈者之不我見也以此為已適以害已以此為人適以害人而已故夫玉尺之於地理猶鄭聲之於雅樂楊墨之於仁義一是一非勢不兩立實有關於世道之盛衰天地之氣數竊聞嘉靖以前其書尚未大顯至萬歷時有徐之鏌者為之增釋圖局而梓行之於是江湖行術之徒莫不手握一編以求食於世至今日而惑於其說者且徧天下也悖陰陽之正干天地之和與僞撰五行忌棄三正者同其禍患有聖

人者出而誅非聖之書於陰陽一家必此書爲之首嗚呼此書不破世運何由而息水火生民何由而躋仁壽哉我拭目望之矣

平砂玉尺辨僞總括歌　會稽姜垚汝皐撰

萬卷堪輿總失眞平砂玉尺最堪嗔二劉名姓憑伊冒豈有當年手澤存開國伯溫成佐命嘗將妙訣定乾坤晚年一篋青囊秘盡作天家石室珍天寶不容人漏泄忍將隱禍中兒孫片言隻字無留影肯借他人齒頰名秉忠亦是元勳列敢冒嫌疑著此經世上江湖行乞者只貪膚淺好施行戶誦家傳如至寶輿

災釀禍害生民幸遇我師垂憫救苦心辨駁著斯文竊恐愚夫迷不悟括成俚句好歌吟願君細察歌中意莫枉宗陽一片心天下山山多順水此是行龍之大體眞龍發足不隨他定是轉關星特起特起之龍變化多渡水逆行不計里玉尺開章說順龍順水直衝爲大旨水來甲卯兌不收水來丁午坎不取必要隨流到合襟直瀉直奔名漏髓全無眞息蔭龍胎山穴平陽皆失軌勸君莫聽此胡言悮向順流探脈理八方位位有眞龍爻象干支總一同山脈陰陽分兩界此是天然造化工陽脈出身陽到底陰脈出身陰

爲宗從無僞來并僞落豈有貴賤分雌雄若是眞胎成骨相乾坤辰戌也峥嵘若是空亡無氣脈巽辛亥艮盡招凶品水許砂原一例三吉六秀有何功勸君莫聽此胡言旺相孤虛理不通五行相生與相尅此是後天精糲質山川妙氣本先天生不須生尅非尅木行金地反成材火入水鄉眞配匹南離嬀治出眞金陰陽妙處全須逆原說五行顛倒顛庸庸之輩何能識先天理氣在卦爻生旺休囚此中出量山步水總一般立向收砂非二格安有長生及官旺全無墓庫與死絕卦若旺時路路通卦若衰時路路塞有人

識得卦與衰眼前盡是黃金陌納甲本是卦中元用
他配合皆非的堪笑三合及雙山元空生出弁竝出
更有祿馬及赦文咸池黃泉八曜殺庸奴只把掌心
輪誤盡天涯聰慧客勸君莫聽此胡言五行更覓眞
消息雌雄交媾大陰陽月窟天根卦內藏此是乾坤
造化本會時便號法中王楊公說箇團團轉一左一
右兩分張明明指出夫和婦有箇單時便是雙二十
四山雙雙起八卦之中定短長豈料庸奴多錯辦干
支字上去商量誤起長生分兩局會同墓庫到其鄉
未曾曉得眞交媾那裡懷胎與父孃我郎汝言來教

汝陰陽指氣不指方甲庚丙壬是陽位有時占陰不
唤陽乙辛丁癸是陰位有時占陽卽唤陽陰陽亦在
干支上不用排來死煞方眼前夫婦不識得却將寡
婦守空房勸君莫聽此胡言元竅相通別主張四大
水口歸其位此是卦之眞匹配如何說到墓庫方左
旋右旋來傳會四水四卦逐元輪一元一卦乘旺氣
周流八卦逐時新會者楊公再出世今將墓合作歸
源失運失元迎煞氣勸君莫聽此胡言陽差陰錯非
斯義公位亦自卦中來長少中男各有胎不論干支
并龍脈如何亦取三合推胎養生沐乃云長仲子冠

臨及旺衰少子病死并墓絕若然多子作何排世人信此爭房分停喪不葬冷爲灰更起陰謀相賊害傷倫蔑理召天災陷人不孝并不睦此卷僞書作禍胎我願今人只求地得地安親大本培親安衆子皆蒙慶休把分房去亂猜試看閥閱諸名墓一祖枝枝產衆材分房蓋爲分陽宅莫論偏苛到夜臺平砂一卷何人作注解副副尤醜惡添圖添局死規模強把山川牢束縛從謙失郤布衣宗之鎮眞是追魂鑿嘉隆以上無此書萬歷中年方撰朔從此家家無好墳迄今徧地成蕭索焉得將書付祖龍免使蒼生遭毒藥

補發青囊上篇交媾用法

一句子曰青囊天地定位一六同宮等句奧語天玉釋以三卦分天地人爲用是也而三卦之秘實從每卦之相聯相交處以入用從古仙師口口重之語語注之却未嘗明筆之書以顯示後人豈非書傳而訣不傳與余補義附全義交媾二篇畧畧指出天地鬼神臨上質旁固泄秘寶其用法細義俱載心傳口訣卷內不敢刻傳恐犯造物所忌但河圖洛書之精義先天後天之理數終有不得而隱者也蓋秘訣原不出文字外惟在人默識潛通耳夫每卦之相聯處卽

有一陰一陽相交之理寓焉如一白之數得天之生氣能提攝乾坤則以一白爲陽交左輔之六數陰交右弼之八數陰是曰陽交於陰在一白之後天爲坎一白之先天實坤故一白得令卽以先天之坤爲主而左輔之六先天是艮後天是乾右弼之八先天是震後天是艮故左輔之艮男右弼之震男與坤女可配成先天之男女而左輔之乾右弼之艮與坤後天之坎又可配坤爲後天之男女矣如九紫之數秉天之令則九紫爲陽交左右四二之陰數爲姤卽以先天之乾爲主葢四之先天是少兌二之先天是長巽

配乾成先天之男女二之後天是老坤四之後天是長巽九之後天是中離配乾爲後天之男女夫同一坤也或與艮交或與震交或與乾交或與坎交隨其天地生成之山川而用之可也同一乾也或與坤交或與巽交或與離交或與兌交亦隨其天地生成之山川而用之又無不可也故世有老父配少女少婦遇老父俱有生息者以男配女以女配男也若未解此中秘義者有以男合男以女配女者陽差陰錯職此之由蓋變變化化結局之山川無定而一定之理數則有準矣經云一六共宗二七同道三八爲朋四

九共處而一可及八九可媾二南北力大元厚之義倘未發明故此篇補之惟能知理數之眞僞則收放之法明收放之法明而後結局之大小可分矣又三碧乘時三本陽氣左八右四却爲陰煞以先天之離爲主而三離與四兌先天同體是女中女自然宜擇長男與少女同功而不與少女爲配也況運行三碧四綠繼之故三與八爲朋而不與四爲朋也又七赤當令七爲陽神二六即爲陰煞以先天之坎爲主但七坎與六艮同體是男故二七同道而不與六同道六艮既配一坤七坎止配二巽在水運七兌之後即

逆繼六乾亦以一定之理數馭無定之山川者也此東西之不及南北厚薄之所由分耳又如二數得天二氣變陽七九之氣即變爲陰以先天之巽爲主經云二七共處故二與七交而兼與九交巽旣可配先天之坎亦何不可配先天之乾以女能交乎男也在後天卦三位相聯爲坤兌離三女相處似一家妯娌以其有先天之乾坎在位故也不然老姑貞媳何以爲化育乎如八運乘時八氣成陽三一之氣即變爲陰以先天之震爲主經云三八爲朋但八與三交亦與一交長男可配先天之離亦可配先天之坤也在

後天卦三位相聯爲艮震坎三男同域似兄弟友愛以其有先天之離坤在位故也不然則孤兄鰥弟又何能生息乎世之講氣數者概以一三七九爲陽豈知二四六八有變陽之日概以二四六八爲陰豈知一三七九有變陰之時經無明文故此篇發之又如六水當令六爲陽水一七之水卽變爲陰以六艮爲主經云一六同宮但六與一交而不與七交六艮此配先天之坤而不能偶先天之坎也艮坎同體是男況七水乘令六水繼之有先後無彼此也蓋六水繼令七水不變陰矣如四水當令四爲陽水三九之水

卽爲陰以四兌爲主經云四九共處故四與九交而不與三交以四兌止可配先天之乾而不能配先天之離且兌離同體是女四水當權三水繼之亦有先後無彼此也蓋四水秉權三水不變陰矣水運山運經無明文故此篇發之凡此相摩相盪奇奇怪怪山配水水配山陰陽相見變化無常眞正靑囊上篇細義亦卽周易河圖洛書先天後天精理此篇條條吐出更將心原連彙引伸吾道之大白於天下後世必矣後來者其孰思而精察以求之可也

陰陽交媾眞指

一句子曰天光之下土膚之上成形顯象一點靈光即天地交媾之所也眼前境界頭頭是道既非元亦非妙天父地母天陽地陰三尺童子誰人不知百歲老翁若個能曉名公地書則曰山陽水陰又曰山陰水陽也又曰山之高峻陽山之低凹陰又曰山之平坦陽山之凸起陰也又曰水之有光氣而明顯者陽水之無光氣而低暗者陰也是皆言山水之陰陽也而非交媾之大陰大陽也舉河圖洛書先天後天之一六共宗二七同道三八爲朋四九作友五十同途一生一成一夫一婦也天地定位山澤通氣雷風相

薄水火不相射一對一待一來一往也又曰離兌出自老陽坤艮成於老陰震離化自少陰坎巽來於少陽陰陽兩片也是皆言卦數之陰陽而總非眞陰眞陽雌雄交姤之大陰大陽也余觀世間坊刻只說得這些即四秘書亦在此處發明大陰大陽大交媾仍在眼前曰山水盡陰質風雷總陽氣陰質有形陽氣無體惟土膚之際平鋪如掌以有形之陰質姤無形之陽氣必我所用之土能招攝此氣能包孕此氣能承載此氣能止息此氣不去不洩至當恰好或順收或逆收或高受或低受或前來或後來或左至或右

至必收得陽神定必出得陰煞爭太極暈所以涵此龍虎抱所以衛此朝案列所以止此左右界水面前江河後蔭水龍所以息此河洛先後天地秘天寶所以測此解此則頭頭是道遍地盡成黃金陌矣此一點眞陽之氣陰質內費幾許工夫矣而後得此來而不去蓄而愈妙可春耕而秋收可朝謀而夕效俗師日日爲此此却終身不知此楊公日日看此却一言不指破此今日明白說出看陽之訣已在元空大卦看陰之訣仍要於諸名公書內會之一陽一陰之謂道諸書總在看陰處用工止說得一半尚遺一半未說

是此一書發羣書之機吾知古往今來諸名公必尸祝家頌賴此書之傳而後天下諸書可盡傳也

救貧說

一句子曰余在蘇州鈴閣見僞書救貧要旨救貧莫過於水火二者是也乃解向坎離二山去又云離火提於坎水是得救貧之緒餘而未究其精微者也賴公催官云巽水一句能救貧亥山一丈可致富辛山十丈富相親余註之曰亥山一丈便可致富若同辛山十丈則富堪敵國矣但得亥山力恐爲富不仁又不如辛山之富而好禮者也若遇辛亥破局辛則絕

嗣乞丐亥則虛勞損少也巽水一句即能救貧若逢
洋洋大觀富貴可勝言哉若已帶二三分丙來或立
丙向亦有冷退之弊此等評論全在用法合竅方準
其中本有活動法子而非膠柱鼓瑟者可得而聞也
山固可以救貧水亦可以救貧火更可以救貧救貧
亦不專在於辛山亥山且不專論巽水巳水又何可
執坎離二卦以爲典要乎但其所言莫過於水火二
者實是砂中之金乃不易定論也夫水有形而無氣
火有氣而無形古人稱水之應驗最速山之應驗稍
遲豈知火之應驗更速於二者之上乎但水不得火

來則水是死水山不得火來則山是死山無論辛山亥山坎山離山巽水巳水而貧賤隨之矣惟邀得一點眞元之火到穴則水是活水山卽生山八方四圍山山可以致富水水可以救貧豈特一坎離巽巳亥辛而已耶試問楊公獨名之曰救貧而不名之以催官也乃是應山取裁隨水指點有水收水有山收山有火用火不執一格權取給於一時而不深求其精意此則楊公救貧之秘旨所以隨地可施隨人可救也稼門汪中丞曰一元之氣人多用於水龍山龍則不知其用法也一句子曰火昇山川生活氣山川無

火則是死山死川天地無火是死天死地人身無火豈不謂之病人乎嘗怪山川不言不笑自有乾坤消息在焉能知乾坤眞消息而後能將生成之山水擺擺佈布渟渟瀦瀦迎合上天一點眞陽之火到穴定主速應禎祥大地大發小地小發所謂主人有禮客尊貴者此也此楊公救貧之說也

崑崙來脈考証

謹按帝王圖考崑崙之山如品字三級下級曰樊桐一名板松中級曰玄圃一名閬苑上級曰層城一名天庭是爲大帝之居去嵩山高五萬里即地之中也

中華山脈見諸圖籍而可考者只有雲嶺祖山雲嶺乃諸脈發軔之源而崑崙則居其北其脈中隔大河不與中華通今謂崑崙爲祖者俗傳之訛也雲嶺以東折而南者曰嶓曰岷嶓之脈短而訖於荆岷之脈長一折爲衡山再折爲廬山三折爲鍾山入吳爲天目入閩爲武夷入越爲會稽折而北者曰終南又折爲岐山終南之脈爲華山爲嵩山又爲熊耳山其東北一枝伏而即起是爲岱宗其東南折者爲桐柏山爲外方岐山之脈自朔方絕河東爲壺口爲太嶽轉北爲太行爲恒山恒山東徙爲紫金終於碣石又恒

別出者踰塞度遼東爲長白山訖於朝鮮之域焉其山之南脈凡三折焉每折必包巨津首洞庭中彭蠡而尾震澤也其山之北脈逢折卽成都會華山折而北者爲秦關百二之山河卽今之長安是也太行折而北者是爲平陽古帝王建都之所也其山轉東者名曰山海關是爲燕京其脈長其氣厚垣局亦大萬古不易之都會也大江以南之龍其脈起自岷山迤邐而西自西而南至雲南界東趨於夜郎踰桂嶺至零陵爲九疑山又入桂連所謂五嶺分星入桂連者是也南龍過大庾嶺出南雄走汀州過邵武抵廣信

走徽州東行爲天目一枝走錢塘順結杭州一枝走建康逆結南京其脈盡於江陰一枝逆長江盡於鄱陽考廿二史云崑崙山在海內朶甘思綿亘五百里四時積雪不消脈盡圭豐灘近朔方卽海外朔平府在長城外隔圭明安不遠山海經註云海外另有崑崙此說存疑岷山極大自洛南連綿蜀二千餘里皆爲岷山崑崙界限只有五百里據此則崑崙之來脈非出於中國明矣

牧堂穴賦

魚尾擺開看後倚前親之勢虹腰雙下認橫扦直就

之情莫道無頭無面橫看其踪休言是木是金動中即穴順受逆受何拘對定乎天心旁求正求猶在消息於龍虎橫担橫落無龍却葬有龍直向直扦有氣須安無氣橫山湊脊曰閘斧直山扦湶曰入簷

四落

立穴先知分四落初末腰分皆可作初落由來近祖山局勢必須完腰落餘枝向城郭吉氣於斯消末落名爲大盡龍氣勢最豪雄分落後龍劈脈去貫串還可取教君結局要精微欲求穴的要分合

四勢

教君點穴詳四勢勢中首取羅城密詳前觀后防[illegible]
曠而吹胸脇背覘左聆右忌凹缺而割耳射肩障空
補缺天造地設大小聚散任君裁高低偏正勢中悉
山以氣止而不徒大故諸峯散亂休留意水以勢全
而不亂瀦故羣流返去莫勞看源頭水尾無大地[illegible]
凶多而吉少來短去長少眞結當禍重而福輕[illegible]
佛從多是鬼刼之地石粗水響鮮有眞氣之鍾一[illegible]
顧一水歸無因小聚而昧大散之勢四水繞四山[illegible]
當知大勢而去小節之疵一山一水有情小人[illegible]
大形大勢入局君子旋居取小醋而忘大[illegible]

中窺豹就衆內而尋一吉殆猶緣木求魚山水無情慢輕遊萬嶂千山不回頭縱有前山多秀麗須教穴穴是虛浮

認穴七假八虛花法

滿面水一派陽金魚不起穴難藏懶坦氣牛皮張欠到頭少陰陽時師到此免商量不開口少窩鉗硬面無合不須言欠蝦鬚少界水到頭模糊無穴亦虛花穴假頭面假穴常常眞乳現欠包裸受風吹露面不隱穴難爲臃腫氣東瓜脈擂搥無枝節硬木直狀休誇說立武舌竹篙柄金頭木脚枉勞心茶糟梘少明

堂穴無餘氣何用忙犁頭嘴掛鬚水上小下大不足取笤箕窩臨結穴起一坡有氣無脈不須歌有口有鉗方是地頭金頭土定不利孩兒頭狗腦庭孤陰墻死祿存龍砂雖好無精靈後無托不須尋孤峯露頂穴難許龍不住穴不眞土牛不住休爭論雌不轉雄不彎不須看免登山葬後兒孫失鄉關

五星九曜

點穴須要識星體正變怪形難比例取用還從頂足分盡在高人心目裡穴法以五星正體爲上九曜之變體次之金星開窩扦取水無窩掛角水泡是若是

窩角不分明硬面下穴禍來侵木星有節節中取無節鍬皮軟處扦直木開口却爲奇扦着陰穴定無疑火星結穴須取土入穴原來安木乳無上難扦尖盡處教君剪法方爲是水星不宜下水穴下了人丁漸消滅妍從金頂問根源此地應產子孫賢土星不宜重見土扦穴須尋腹裡金本體自身無龍虎護借隔水補平面倒地成星象體準高山上上起頂下垂脈龍虎均匀者名曰懸乳上有頂下無乳左右分抱者名曰開口邊有邊無爲單提須防直奔竄一長一短名仙弓切忌脚斜飛無頂於圓尋沒骨近樂莫輕忽

棄正就斜安側腦朝山特來好重龍重虎雙臂要密
龍長虎長直出當防

論龍十要

筠峯居士曰龍法十要者乃地理之切要必要而斷不可少者脈曰要得氣曰要乘意曰要識果能得脈果能乘氣果能識意則暖氣鍾靈陽和毓秀地大必然大發地小必然小發乃百葬百驗之提訣其不驗者乃不能得不能乘不能識則冷氣召災陰煞致凶地大必定大凶地小必定小凶既云大地何以有凶以不能識脈意氣也雖得大地亦必大凶此實珠火

坑之所以分也卷首揭此三條以爲妥先鬴後者立一標法孝子慈孫務要三復斯編此三條者不離乎龍龍變要詳而後陰陽有分龍勢要知而後强弱有分龍星要看而正穴怪穴可點龍咽要察而横受直受可扦要詳龍峽即具結作之理要詳龍格實爲氣脈之根他若祖宗父母枝幹傳變此卷槪不言及非忽之也果能盡此九要一切巒頭天星之書汗牛充棟虛文無益即口傳心授杖法皆爲贅語獨於龍法則曰要傳恭此法必待口傳乃眞然天律有禁欲言不敢所言者皆糟粕之語也

第一要得龍脈

穴頂一線之脈如絲如帶若隱若現滴入穴中似湯中浮酥水面盤蛇有細軟之致有活動之趣有清和之象有朗潤之色此眞龍也凡新舊墳有此則脈到脈眞方能發福

第二要乘龍氣

穴中陽和之氣如覆如仰生氣融結若荷葉上露滴一珠羅維稍起圓輪葉底獨現精光如金盤中夜光半顆聯環高出擁護盤内只露晶瑩此眞氣也凡新舊墳有此則氣到氣眞無此則假

第三要識龍意

得窠龍意棲得水龍意止逢陽龍意生前後左右有尖圓方端嶷麗之砂而龍意任此爲眞意所謂朝王王即位拜將將登台也凡閱地見此則意任意眞無此則假

上三條乃葬乘生氣之旨從來地書俱未明白說出所以身業此道者步龍則走遍山川眞僞莫辨點穴則溷迷心目禍福無定今日切實指破不用煩詞不作奧語而且字字句句盡屬庸言道理愼勿以其淺近而忽之

第四要審龍變

高山瀉下平洋平洋忽生突泡老幹抽出嫩枝嫩脈度出美峯窩中生乳乳內開窩龍來緊湊穴逢空處偏落局結中正脈在窩角穿來至若肥中取瘦寬處取緊飢內合飽靜中有動意態百端不外陰陽生生變化萬端總取剛柔摩盪畧舉一二須人自悟凡閱地見此乃眞陰眞陽媾精會合方能發福

第五要知龍勢

書云生強順進旺平伏此勢之吉者死弱退敗逆懶坦此勢之凶者郭氏曰三剛氣全八方會聚前後擁

護諸詳畢至此旺勢也卜氏曰所取者活龍活蛇所忌者死鰍死鱔此可以辨其生死矣廖氏云强是奔走勢力宏弱是瘦崚嶒此可得强弱之解矣又云順是開臂向前往逆是反背去進是龍身節節高退是漸消條此可得順逆進退之辨矣楊氏曰平地兩旁尋水勢兩旁界水是眞龍平中一突更爲奇活動尤須求束氣忽然入局鉗口開兩水隔纒是龍息此可得平伏之勢矣但旺與散相似强與怒相似生活與驚惧相似順勢與走竄相似進勢與頑蠢相似剖斷一差禍福少准試看旺者千枝百葉而彼護此纒形

如蜂屯蟻聚散者千條百緒而彼背此反勢如瀰水傾珠強是良馬之騰湧而星峯氣勢自端嚴怒如疾虎之奔軼而體勢巒頭多倚側生活者起伏盤旋而山動水抱驚懼者走竄拋露而水返山逃平伏者如靜水之風生微浪而吉在隱隆之中懶坦者若片氈之鋪張平地而無高下之別順勢者如水之朝宗星之拱北而行度手足自妥貼竄勢如羊遭虎逐花被風飄而體勢手足自飛斜進勢者龍須崔巍而峯巒多有面頑蠢者勢須雄偉而星體不開顏凡尋龍知勢則眞假立決方知去取

第六要看龍星

看地之法先看特星特星者何權星尊星嶙星也權星一方之勢力者尊星一方之尊貴者嶙星龍穴聚嶙或焰天火星漲天水星獻天金星沖天木星俱好星體火水金木四星仙師多以天名字蓋取其高出眾山與獨土星未有以天名之者然能出類拔翠特嶂一方亦似有補天之功故此編特加尊爵以配四星此龍家出身之星出身雖好穴內要用得着方好不然如太祖太宗的富貴眾子姓都有分的猶人自己無本事專把祖宗誇口諸地書反反覆覆講來講

去似覺有理乃曰有好祖宗方生好兒孫豈不聞堯舜聖也而有朱均瞍鯀頑也而有舜禹且仕宦之兒降爲皂隸田舍之子出爲公卿人道地道要皆一理華表捍門禽獸塞口龜魚鎮戶羅星收堂此龍家結局之星要思何以消受方好又如九腦芙蓉五腦梅花三台品字仙橋大帳樓閣殿陛諸如此類不可枚舉此龍家行度之好星曾見龍上有此星而葬下凶敗者無此星而偏結大地者此何說也五星有直圓方尖曲五星之外又有九星九九變來有八十一星此龍來結穴之星最要想像情形何星入首辨其坐

立眠側之體側兼三體有兼襯貼之分今之講巒頭
只講得坐正立三體眠側間有人言之至於兼襯貼
獨唐國師何公講言之耳俱要蓋帳輪暈照任穴場
尋龍知此所謂有了巒頭穴可求者是也

第七要察龍咽

元樞經云咽猶鼓槖一呼一吸龍有束咽若鼓鑄風
箱管領山川穴内要接得此但束氣處宜短不宜長
宜緊不宜寬宜小不宜大宜活不宜硬或從左右前
後入首擴宅要穿緊此乘受得此至於預定之法二
十有二咽正則知入首處亦正咽斜則知入首處亦

斜咽灣曲則知入首回顧而穴逆朝咽角閃則知入首角流而穴傍取咽緩長則知入首必緩長而穴居於頂咽短聚則知入首短聚而穴在平近咽低平衍縮則知入手平和穴宜升高咽峻急注下則知入首卓立穴宜墜底若夫咽土穴亦土咽石穴亦石束氣陰盛則知變陽結穴束氣陽盛則知變陰結穴過於雄飽則求蕩闢以清其氣見其殺強則喜多刼以分其威束咽四山脊巒穴可截關而斬之脈絡數灣穴於曲抱而擬之狹小而氣歛入首必穴陽處濶大而氣散入首必穴陰處總而言之生氣則結死氣則棄

凡見束咽之處即知結穴之法矣

第八要詳龍峽

峽者龍神之跌斷博換也張子微有二十峽格蔡西山有五十九峽格劉江東有六峽論洩天機有四峽訣要之皆以中正扛護迎送不受風吹爲準耳大概有陰陽交接蜂腰鶴膝穿田崩洪渡水沒泥日月玉尺王字工字卦爻覓緊之名名雖不一其理則合會文迎云峽偏峽正穴相因砂長砂短機盡滅高低融結氐中知男女陰陽胎內別觀此結穴自了了矣

第九要論龍格

梧桐格芍藥格蒹葭格楊柳格捲簾殿試格蜈蚣格水木蘆鞭格三台格蘆花三梟格飛鵝格寶蓋格串珠格聚講格格格不勝述然海內名墓世族有無此而大發者有備此而敗絕者蓋眞知尋龍者不遺此亦不拘此得其訣者頭頭是道不得訣空講無益雖有貴格亦用不着

第十要傳龍法

龍法之不傳世久矣余閱青囊疑龍撼龍玉髓天玉數家不知眞傳妄以私臆古仙苦衷竟湮沒而不見也悲夫易曰數往者順知來者逆天有九宮地有九

星中五立極臨制四方紫白元運俱在此內說破亦甚平常蓋此法至精至微之妙理古聖先賢秘而不宣妄傳匪人必遭天譴此訣造人生死富貴皆由此出控制山川打動乾坤所關豈淺鮮哉竊憐中人以下走四方以求衣食者思欲冒禁以傳眞道然非從九要內看出情形難得心傳亦不知安頓何處矣

註客問余曰論龍必具大眼界收數百里山川條分枝幹取百十里峯巒縷別正從蓋詳其來方知其止也茲觀論龍九要總在穴場內外切近處細細區別似亦拘拘然未適於中也余喟然曰客豈

知余論龍之意哉夫會天下之山聚天下之水者必為帝都聚一方之山收一方之水者必為郡縣會一鄉之山聚一鄉之水者必為世家收一局之山聚一局之水者必為名墓郡縣非下士所敢知況帝都乎余之九要從妥親福後起見命未從龍星龍格上起說以俗論之似非溯源之意不知脈氣一穴之獨得龍格乃眾家之所共今以脈為首務乃重本之論也故廖公云人言有穴必有龍我言有龍定有穴所以上士得穴而勘龍此神明於法也下士步龍以求穴拘守於法也然余見龍之

僞落僞結者反多眞穴豈非以其能變化乎茲必於切近處講究亦是見得此意又復恰合廖公之旨

龍法

順逆者傳陰陽之形陰陽者傳二氣之神陽從左邊轉陰從右路通須於暈處察之陰陽之氣分焉順逆之機揆焉生旺休囚寓焉胎息孕育辨焉脈認來龍認此葬乘生氣乘此初相胎氣次相動氣三相唇氣四相堂氣蓋無胎不成龍不動不結穴唇無氣不足堂無氣不收凡相龍須看其有水無水然此水不在

大體上看在出脈斷伏處看此處若有曲動泡浪則爲有水前去必結眞穴無水則不結作蓋水者天一之生氣也如男之精然非合女之血則精血不裸何以成胎故天一生壬水必得癸水以成之蓋一得五而爲六五者蓄精血之區爲中處即胎元也審此則左旋右旋二氣分而五行布生旺休囚從此而出吳公云胎息孕育如同父母之精血天一生水地六成二五精華從此續正謂此耳

眞龍一閃一出頭此間却要認根苗細認金木水火土認定何星作少祖遠祖少祖宜相生便知此

處勢層層行時子孫財官逐便知存有眞堂局
根者胎也苗者脈也須細體認此屬何星前去轉
關串渡好辨生尅

考撼龍經星辰之變俱在絕體上蓋養生官旺之方
氣盛而不肯變衰病死墓之方氣弱而不能變惟絕
者乃係胎之地所以不得不變也又文曲水星云所
謂此星柔順最高情形神恰似生蛇象問君何如生
此星定出廉貞絕體上蓋閒廉貞細體在亥故又曰
每過旺方生側面亦自本自根說也推之則知入國
周流之氣為五星變化之原惟在智者之詳觀而吉

凶可悟矣
三台六府在天兩兩成對相排在地成形則於高山頂上另起小星號曰六府星者稟三台文昌之氣而成者也六府雖稟三台文昌之氣亦分五行之形圓者高金曰太陽圓而帶扁者亦金曰太陰頭圓身聳屬木曰紫炁曲而生動屬水曰月孛方屬土曰計尖屬火曰羅大貴之龍方有此星尋常之龍不能有也此星雖曰六府星然亦不必執定多寡或得一個便是貴龍有二個爲魚目則爲一台矣主一二貴品凡見山頂有此山便知前頭結好地即形局不美亦非

尋常小貴此星今人不論久矣

世之說星者却喜說三吉尊星不知尊星頓起眞形之後其支脚多是祿存非三吉獨自成星故卽有三吉在前不能識也三吉之星不能常有百處觀來無一實則何處是三吉乎蓋由不識破軍之三吉故見三吉而不識也破軍之星非止欹斜如旗之正體其隨九星之變而異形者乃各不同

審龍莫先於認星夫星有貪巨祿文廉武破輔弼爲九曜金木水火土加日月爲七政大小高低肥瘦爲六體正直連聚貼爲五格骨肉毛皮爲四容坐立眠

爲三勢觀此五九雙興獨秀或開脾吐乳蹻足祖臍或傍出水火而爲擺蕩擺燥或垂金木而爲疊指搖拳或水木連行而唱形蘆鞭三梟火金頓住而喚做破殺天罡或水木三五而爲華蓋三台金水八九而爲芙蓉簾幙又或五正五變九曜化形若神龍文鳳舞象旋蛇虎踞牛奔脚長脚短犬眠羊走背缺背全元詮裁簡妙悟由人且知且能自符天造

串合

聖賢之書千言萬語不過論陰陽二氣今人談陰陽者過實審陰陽者過虛過虛是見他捉摸不定過實

是見他死殺不通均是胸無把柄故於著述傳疏都不是古人之意亦不是山川之理議論雖多不可施之於用譬如千萬散錢無索子以串合此乃俗所云好看不好吃也

龍穴串合地理家之夢覺關也合則眞不合則僞合則生不合則死知其合不合則覺不知其合不合則夢葢此法不是模糊影響節節關會步步對針業堪輿者若不明此雖羅網百家元談濶論畢竟是說夢話講夢事一切皆無對針處前代哲人亦嘗施悲慈航出般若語以渡世矣所以一句一呵一字一棒無

奈迷者之枉打死肉也如楊公云觀星裁穴始爲眞不論星辰是虛誑又云根荄若眞穴不假荄從種類生出來又云我觀星辰後龍上預識前頭穴形狀又云穴不從龍身上星斷然是假不是眞吳公云胎息孕育如同父母之精也柏葉仙云細認山川串合情列仙諄諄指點前後若合符節無非言祖孫父子骨肉相關少有差誤不是一脈親生所以認形氣一道難以預定令人傳受差訛眞道不講動引師傳登山猜迷亦只是想然耳何嘗有眞實確見也昔人有云傳書不傳訣傳訣不傳書到底訣在書中所謂秘密

不在文字外也但人不善讀耳前代先師之書固可寶矣却是韜光斂跡露尾藏頭不肯明白說破譬諸荆山之璞不遇琢手儘如卞和之灼見刖足泣血亦是惘然況智士滿眼豈有幾個似卞和之人所謂鴛鴦繡出憑君看不把金針度與人其前代先師之書乎璞之不遇琢手未經開折雕琢誰知是玉卽知眞玉如荆山之璞刖足泣血如灼見之卞和誰復信之看山之法與看人似鑑性爲上鑑骨格次之鑑皮毛斯下矣如貪生乳巨生窩九星結作定式也然執煞不得有一龍而結數穴有數穴而皆不必定從星結

者將定其何者爲眞何者爲僞或見爲僞矣而確然是眞見爲眞矣而易常非僞欲求個鐵執把握處須知此中性情原有串合的大關竅不在皮毛上論前賢總未說出耳學者不知通關通竅之法又何怪乎憒憒者之捉摸不定硜硜者之死煞不通也

仙人何處定龍位但看父母是三吉在何方代耕他人糧父母走他鄉別處尋爺娘父無子兮家道絕有子無母定不良不是親生並親育拜契何曾得久長螟蛉有子蜾蠃負亦必㲉似始相當傳君串合功不外門縫中翻天倒地對不同只有父母是眞龍更加

挨星二十八合局合龍是仙踪五星星變九星星形要認眞貪變文爲散綱體貪變破爲展旗形破變貪爲倒地木眞處拖搶有穴情貪變廉爲疏齒厤長枝有穴莫輕看凡變輔者燕窩仰變破必作戈矛形變化洵無窮須知串合功勸君串合訣不外四縫中上自泥丸貫尾宫彗燈眞照幾多重會者眞元一點通不會究如瞎眼仝仙人遺下金針法不向凡夫講繡工串合是口傳心授之法非言語文字所能收也然教人者必以規矩學者亦必以規矩所謂規矩者舍鑑格其奚從乎故鑑三格則前所信者疑鑑十格則前

所疑者信數十百格則眞僞去取當前立決蓋不疑非信能決疑爲信也疑信決精乎道矣

此形家布帛菽粟之正理究而精之卽窮神達化之妙道也偈曰桃源沒處尋一訪漁郎路何須別問津就此尋花去

撮錄靈城精義形氣章　本何令通

宇宙有大關會氣運爲主山川有眞性情形勢爲先地運有推移而天氣從之天運有轉移而地運應之

天氣動於上而人爲應之人爲動於下而天氣從之

夫星有聚講行講坐講則氣聚於形有尊星權星雄

星則氣聚於勢有蓋胎夾胎乘胎則氣聚於穴有收褋收堂收關則氣聚於局陰勝逢陽則止陽勝逢陰則住雄龍須要雌龍輔雌龍須要雄龍護水成形山上止山成形水中止認氣於大父母看尊星認氣於眞子息看主星認氣於方交媾看胎伏星認氣於成胎育看胎息星認氣於化氣爲權看解星認氣於絕處逢生看恩星認龍之氣以勢認穴之氣以形

此論龍穴形氣其理最精必細心體究方善其用

龍辨生死須分三陰三陽穴辨生死須識陽多陰少龍有變體爲顛倒勒住穴有變格爲墜宮簒宮星體

有正有附兼襯貼之宜辨穴形有顯有晦形氣影之宜求葢帳不開龍不臭輪暈不覆穴不任束咽不細氣不聚泥丸不滿氣不充五星不離水土體九星常要輔弼隨金星不作倚水土豈能粘木火不可葢五星皆有撞坐宕坐煞坐旺是爲坐法全胎保胎破胎是爲作法脫龍就局納前朝只爲半僞半眞撩山劈硬處平基只爲直來直受平陽之氣常舒常散須要湯中浮酥山隴之氣常急常欲當看水面盤蛇沒水之牛氣仰而吹宜乘其急出洞之蛇氣俯而吐宜乘其餘精華外露之氣如花宜葬其皮靈光內蘊之氣

如果宜葬其骨龍穴有陰陽砂水亦有陰陽龍穴有生死砂水亦有生死氣有虛實法當以實投虛以虛乘實氣有先後法當先到先收後到後收點穴須求三靜一動認氣必要百死一生有稜有弦則形成若湧若突則氣到認氣難於認脈葬脈不如葬氣法葬之葬葬在形裡會意之葬葬在形表凶星不無駁雜祇要有胎有化吉曜縱然高聳亦要有精有神陵谷遷變山川改色造化個自有時控制山川打動龍神裁成須自有法

形氣章註列後

宇宙有大關會註此段以天之氣運言　山川有眞性情註以地之形勢言　山川有推移至地運應之註上下感通捷於影響　天氣動於上而人爲應之註人能合天寅葬卯發　三構三星三胎三襟陰陽雌雄山水行止父母註大父母少祖山也尊星少祖星體也自大祖下必分數龍欲知太祖正氣看各枝尊星如大祖是火得正氣者必土星也　認氣於眞子息註眞子媳結穴山也主星即穴山星體也少祖山下又分數條如少祖山巨門土而主星是金是得少祖正氣也　認氣於方

交媾看胎伏星註行龍中間忽出一星開面向前爲伏再出一星其面回轉向後爲胎龍身有此二星方能成胎結穴　看胎息星註主山爲胎穴場爲息相生吉相尅凶尅宜制伏　解星恩星二段註何爲解星如木爲主星金爲少祖木受制矣若木星前貼一小小火體作穴則火制金煞而爲解星矣如金爲少祖木爲主星木氣絕矣若木星下轉出水爲結穴則水能生木又泄金氣之殺則水爲木恩矣　認龍認穴註龍穴形氣此理最精細心體認乃不錯事　辨生死分三陰三陽註三陰

三陽須看起伏有起伏到頭必有天然之穴此龍生旺可知矣　論穴生死陰陽多少註陽主生陰主煞陽多陰少則生氣團聚可知　變態變格註一路平緩到頭忽起星峯是爲頓住陽龍陰結也一路剛急到頭忽開一窩是爲勒住陰龍陽結也若純陰結穴剛飽無口氣歛不舒則大開深窩以扞之是爲墜宮以洩其煞也純陽不結氣散不聚宜大堆客土以扞之是爲奠宮以聚其氣也　星體正附兼襯貼五體註兼襯貼三星指穴星言勿混作龍也　穴形顯晦形氣影五格註扞形者有

口有突也扦氣者陽則平坦無突陰則剛飽不窩
但審其氣之所在求氣之法或培堆或開鑿皆求
氣法也扦影者眞龍到頭一片平鋪毫無形氣可
求直至臨弦田邊之所上有脈來下無脚去但面
前田塍如玉帶如娥眉重重兜抱其上即穴所謂
窩外月明窩內白也　蓋帳不開龍不巢註木火
上尖尖則有殺故不可蓋水土性緩眞氣在上其
下脫氣故不可粘　五星皆有撞註此段辨蓋粘
倚撞各有所宜也　坐宕坐煞坐旺三格註直硬
之龍不可正扦宜於攏宕處下之此爲坐宕強急

之龍下垂尖乳宜提高壓殺扦之此爲坐殺緩弱之龍脫跡無氣則於起突起脊處扦之此爲坐旺

全胎保胎破胎諸格註平陽之所有氣無脈不可開掘是爲全胎小乳微突不可損傷只破一二分是爲保胎繃面頑飽其氣內蓄大開水窩是爲破胎

脫龍就局納前朝至宜葬其骨註此示人緩急之法即吞吐浮沉四字也陽脈無脊如沒水之蛛宜就突下穴陰脈有脊如出洞之蛇宜就坦處下穴

龍穴有陰陽砂水亦有陰陽龍穴有生死砂水亦有生死氣有虛實法當以實投虛以虛

乘實註陽脈急乘此以實揆虛也陰脈緩乘此以虛投實也　氣有先後法當先到先收後到後收註龍先到則收龍穴居左虎先到則收虎穴居右

點穴須求三靜一動註龍虎朱雀爲三靜　認氣必要百死一生註獨穴氣活動爲一生　有稜有弦則形成若湧若突則氣到認氣難於認脈葬脈不如葬氣註分水起脊者爲脈而行乎內者爲氣有脈盡而氣亦盡者有脈盡而氣尚行者有脈未盡而氣先止者總之有分有合皆爲脈有輪有暈始爲氣　法葬之葬葬在形裡會意之葬葬在

形表註法葬者依法葬之也會意者如龍脈已鍾局勢已會而穴情難證當會合山水融洽之意以扦之然此不易言也　凶星不無駁雜祇要有胎有化註陽穴有泡有突爲胎陰穴有窩有口爲化吉曜縱然高聳亦要有精有神陵谷遷變山川改色造化固自有時控制山川打動龍神裁成須自有法註楊公云如睡如蒙發以鍾廖公云滅火滅瘟開以池是也此等作法非明師不能也

按靈城精義一名鐵彈子乃南唐何令通作也何爲先代名師其著作甚多不可勝數今所傳

精義尤膾炙人口細按此篇原文金星不扦倚穴土星不扦粘穴木星不扦葢穴必有亥豕之訛不然金星有掛角而扦倚穴者土星有臨弦而扦粘穴者木星有沖天而結顱門者揔之五星結穴皆無定數惟以勢來形止而已其止於葢則扦於葢其止於粘則扦於粘其止於倚則扦於倚其止於撞則扦於撞豈可執死書而泥古法耶故孟子云盡信書則不如無書有味哉其言之也

金龍氏識

元運通考

黃帝六十一年係上元一甲子貪狼管局至夏少康三十二年係上元二甲子巨門管局至商仲丁六年係上元三甲子祿存管局此三星各管五百四十年共一千六百二十年爲一元　周昭王三十六年係中元四甲子文曲管局至周敬王四十三年係中元五甲子廉貞管局至漢朝孝明王七年係中元六甲子武曲管局此三星各管五百四十年共一千六百二十年爲一元　漢文帝四年係下元七甲子破軍管局至南宋高宗十四年係下元八甲子左輔管局

至清康熙二十三年係下元九甲子右弼管局此三星各管五百四十年共一千六百二十年九星甲子共一萬四千五百八十年爲一會一會爲一時十二時爲一大週天目今大元運現行離卦非聖賢大地不能合此元運

小元運考正

康熙二十三年係一元甲子貪狼主事乾隆九年係二元甲子巨門管事嘉慶九年係三元甲子祿存管事同治三年甲子文曲主事太歲中元運現行巽卦每星各管六十年一百八十年爲小週天五百四十

年爲大週天共一千六百二十年爲一大週天非帝王大地不能合此元運

小元運考正

小元運每星各管二十年九星行畢共一百八十年運行三週天亦管五百四十年同治三年交上元甲子甲子甲戌爲初運甲申甲午爲中運甲辰甲寅爲末運大小富貴不能外此元運歷朝都會治亂不能外此元運市鎭莊宅興廢亦不能出此元運外有五子元運一運管十二年五子者即甲丙戊庚壬之五子也外有一星一年九年一週天至於日時小三元

以辨逐日逐時之吉凶習斯道者亦不可不知也

認龍秘訣

巽巳丁未庚酉坤申行龍合此乃是金局乾亥癸丑甲卯艮寅行龍合此乃是木局辛戌乾亥壬子坤申行龍合此乃是水局艮寅乙辰丙午巽巳行龍合此乃是火局

走遏龍法

丁庚辛坤申大抵是金水同行龍或行壬子則趨水局若轉行巽巳又趨金局　壬子癸乾亥大抵是水木同行龍或行坤申則是水局若行甲卯又趨木局

○癸甲乙辰艮寅大抵是木火同行龍或行乾亥乃是木局若行丙午又是火局　乙丙丁巽巳大抵是火金同行龍或行艮寅乃是火局若行庚酉又是金局矣以上審龍當下開經看他成何家龍局何家水口行龍既明水口又的吉凶禍福驗如桴鼓而其間有歸庫不歸庫者全在一向而已神而明之存乎人耳

八大神仙法

玉柱夾饅頭鬬斧眉山扦拋鞭須認節避刺莫離根

反手粘高骨沖天打顋門側裁如把傘平視合提盃

擺出情難緩横飛勢合翻偏大臨弦出粗雄帶側尋
打尖休動骨點鼻莫傷唇五直宜横下三停砂影尋
脘藍扞鼠肉側耳定龍心牛鼻防牽水魚腮要合襟
　三十六宮都是春
邵子詩云耳目聰明男子身洪鈞賦予不爲貧須探
月窟方知物未踏天根豈識人乾遇巽時觀月窟地
逢雷處見天根天根月窟常來往三十六宫都是春

天元餘義

	癸七		子四		壬一	
	○					
〨	巽	九	一五一 九中九 一	二	乾	〡
					△	
〧	震	八	一卦三山	三	兌	〣
	△					
〦	坤	七		〤	艮	〣
	○					
〥	坎	六		五	離	〤
					△	

	乙九		卯六		甲三	
	△				○	
〥	巽	〧	三五三 七中七	〤	乾	〨
	○					
〤	震	〢		〥	兌	〩
					△	
〣	坤	〥		六	艮	〢
					○	
〢	坎	〩		一	離	〡
	△					

	寅八		艮五		丑二	
	○					
〡	巽	七	八五八 二中二 二	九	乾	〣
					△○	
〩	震	六		一	兌	〤
	△					
〨	坤	五		二	艮	〥
	○					
〧	坎	四		三	離	〦
					△	

	巳七		巽四		辰一	
〥	巽	三	四五四 〦中〦	五	乾	〧
	△				○	
〤	震	二		六	兌	〨
	○				△	
〣	坤	一		七	艮	〩
〢	坎	九		八	離	〡
	△				○	

丙 三	午 六	丁 九
○乾 四 〢 兌 五 〣 △ 艮 六 七 ○ 離 七 五	三 五中 三 三 　 三	巽 二 〩 △ ○ 震 一 〨 坤 九 〧 坎 八 〦 △

庚 一	酉 四	辛 七
乾 八 〤 兌 九 〥 艮 一 六 離 二 〧 △	七三 五中 七三	巽 六 〢 震 〤 〩 坤 四 〩 坎 三 〨 ○

未 二	坤 五	申 八
○ 乾 三 〩 △ 兌 四 〡 艮 五 〢 ○ 離 六 〣	二八 五中 二八	△ 巽 一 〧 ○ 震 九 〦 坤 八 〥 △ 坎 七 〤

戊 三	乾 六	亥 九
乾 七 〥 ○ 兌 八 〦 △ 艮 九 〧 離 一 〨 ○	〤六 五中 〤六	巽 五 〣 △ 震 四 〢 ○ 坤 三 〡 坎 二 〩 △

先天八卦方位圖

兌 巽 七四數	乾 離 六九數	巽 坤 四二數
離 震 九三數	天地八三卦 妙義無人摟 北斗打刼法 俱在此推求	坎 兌 一七數
震 艮 三八數	坤 坎 二一數	艮 乾 八六數

父母起例列後

坎三起兌　離一起乾

巽六起兌　震四起乾

兌九起兌　乾七起乾

艮一起兌　坤三起乾

艮卦一四七起父母　坤卦三六九起父母

三大卦八神宜圖

江東一卦又名地卦　壬丙甲庚　辰戌丑未

江西二卦又名人卦　癸丁乙辛　寅申巳亥

南北三卦又名天卦　子午卯酉　乾坤艮巽

蔣宗城挨星歌訣

甲癸坤　貪狼一路行
申壬乙　巨門從頭出
子未卯　山山祿存倒
戌與巳　文曲中元是
亥與辰　廉貞順逆輪
乾合巽　武曲不須問
艮丙辛　位位是破軍
寅庚丁　以類作輔星
午酉丑　右弼從頭數

老度新度辨疑

易曰在天成象在地成形象者天之七政與星宿也形者地之五岳並四瀆也日月五星歷有步差之易山河大地從無岳瀆之殊嶽瀆分界四方五嶽四瀆歷萬古而不能移易者也怎奈末俗淺學之輩呆執步差一說妄評催官謂天皇在酉辛天市在子癸太微在卯中南極在巳丙少微入未坤紫微在丑艮天輔入辛戌太乙入辰中洵於是說則天皇之變易不知伊於胡底矣間讀心印催官諸書皆以亥爲天皇自邱至賴時之先後千有餘年天皇天市依然如故

前哲遵之後學詆之豈後學究過前哲耶嗟乎天地之道確有一動一靜之理寓焉動則無一息不流行靜則亘萬古而長存此天道之所以異於地道也地道主靜紫陽重老度撮其三針分其穿透三七二八收放消納法地道也天道主動華廷尊新度移宮移度一分一抄測日推星選時立命法天道也天道地道各適其用豈容互爭優劣以逞一己之偏見哉

尋緣山人識於新昌縣衙側洗心書屋

三元僞法

尋緣子近遊三吳兩浙都有自稱得蔣眞傳自撰僞書指爲蔣之秘本者足見當時已是如此迄今二百年餘僞說更多余所見抄本已有十餘家其未見者更不知其僞法凡幾余亦無暇與之辨駁夫燕石何能亂玉魚目豈便混珠故只將諸僞說條列於後以待明眼者之自爲棄取也一說以先後天八卦畫塡成格以先天八卦格龍後天八卦立向消水而來水則勿論也其卦中爻陽者左轉中爻陰者右轉如辰巽巳先天兌卦中爻陽則巳爲初爻巽爲中爻辰爲

上爻中爻陰者反是或收辰龍則兌變爲乾立午向則後天離亦變乾撥庚上消水則後天兌亦變乾倘揆丑艮兩字消水則後天艮又變乾七卦倣此謂合乾山乾向水流乾諸局餘無別義可推

一名金書秘奧首頁題無極子心法五字有眞傳心印誓不妄傳九運八局及騎龍攀龍等格共六十七圖如一白運坎卦司令取領龍浜插入乾上乾爲六白謂之一六共宗前向巽水亦取對待倘領龍浜插至亥上則向巳水插至戌上則向辰水而三局消水又分揆甲卯乙三字同爲輔星其揆星之法統論一

卦不分陰陽順逆又與他說不同九運倣此
一名補救水神圖以乾坤艮巽配子午卯酉乙辛丁癸配寅申巳亥甲庚壬丙配辰戌丑未如收子午卯酉之水則立乾坤艮巽之向收乾坤艮巽之水則立子午卯酉之向餘倣此有挨星總圖一又龍向挨星二十四圖以乾亥壬艮寅甲巽巳丙坤申庚十二神爲陽順挨九星以丑癸子戌辛酉未丁午辰乙卯十二神爲陰逆挨九星抽去廉貞歸中不用如子龍巽向其龍上挨星以子爲貪乾爲巨逆輪又即將龍之貪狼加於巽上其向上挨星以巽爲貪午爲巨順輪

訣曰貪狼子癸與甲申壬卯未坤乙巨同四六宮中皆武曲酉辛丑艮丙破軍寅午庚丁四位上右弼之星次第臨將山作主翻臨向逐位逐爻順逆輪貪輔吉凶隨運轉廉歸五位不同論旋飛四位流神住庚向辛方空位名若有水口來衝到衝破陰陽多受驚其屬中空位僉忌水之去來

形理總論

不知巒頭者不可與言理氣不知理氣者不可與言巒頭精於巒頭者其盡頭工夫理氣自合精於理氣者其盡頭工夫巒頭自見蓋巒頭之外無理氣理氣

之外無巒頭也夫巒頭非僅龍穴砂水畧知梗概而已必察乎地勢之高下水源之聚散砂法之向背龍氣之厚薄遠timer之十里二十里近得之一二里之間然後細審穴情辨其眞僞或堂寬局固砂水遠應則挨左挨右寸寸是玉一地非止一穴雖得氣有深淺之殊而獲效無吉凶之異或堂局緊巧砂水近應則邊死邊生毫釐千里一地止容一穴甚或有取臨邊有取掛角者不礙奇而法也然古來名墓正堂正局立向整齊者十之八九飛邊釣角出向歪斜者百僅一二是亦不可不知總要平時高瞻遠瞻屏棄諸家

僞法某字吉某字凶等說專從巒頭求其天然之地天然之穴天然之向蔣氏所謂但當論其是地非地不當論其屬何卦體屬何干支蓋眞龍眞穴自無兩宮雜亂之龍兩儀差錯之水此巒頭合理氣之說也古人爲人卜葬或斷初年鼎盛或斷遲之而應或遲之又久而後應蓋未嘗不知三元易理而龍穴旣眞則應之遲速在所不論惟適當二十年煞龍煞水之時雖屬吉壤必有咎徵當知謹避耳倘於巒頭旣不深求又復長生墓庫纏擾胸中則地之眞僞且不能辨更何論力之大小輕重乎即使偶然尋得地來烏

能恰好扦得穴正經曰地吉葬凶與棄屍同恭謂此也而理氣非僅六十四卦八盤九運已也必有取乎卦之反對有取乎爻之反對有取乎老少陰陽之能分有取四正四隅之不雜如局內龍水俱近不能左右挨加則下穴有一定之理一地只收一運之龍倘局內龍近水遠水近龍遠則左右量挨遠收之卦不變而近收之卦可移是臨時有權宜之用一地或兼收二運之龍固有同此穴向前人葬此因凶遷去後人葬之反獲吉效者有煞運已退旺運將來或遷改洩氣而立見其凶能守舊待時而漸見獲福者是皆

運爲之也宜在乎時盡熟卦爻多方覆按故家墓宅某時凶某時吉之理專從理氣推尋何爲得運何爲得令何爲逢煞蔣氏所謂卦氣之死絕地氣之大死絕也卦氣之生旺地氣之大生旺也蓋一卦收龍諸卦收水盡皆合法斷非下等之地可知必先逐節推論則龍之起處水之來源去口眞龍正結才能兩片三叉分毫不爽若分枝擘脈旁結砂結安能有是此理氣定巒頭之說也若僅以姑近兩濱一水一山拉扯合運或值二十年運得令之時頗有近功小效然斷難補救於將來傳曰蓄之無門止之無術蓋謂此

也是書之論巒頭重在龍穴借驗水神其曰先看金龍動不動天下軍州總任空是指縣府城池動之大者而言也龍不能自動必得水之衝激繞抱有空處而後有動處其來源或四十五十里而始一曲去水或十里二十里而始一折其中停蓄之水抱城流轉城内小水引入朝於堂前而前後左右烟火萬家鍾靈毓秀無非空動處也夫來源既極遠大中間豈無水之界斷處不知水既深濶龍必深厚小港小河何足以斷之但看水從何處來龍卽從何處到何拘於穿河渡水剝換過峽耶其動大者則大用之而已其

曰立穴動靜中間求下砂收鎖穴天然是指鄉村墓宅動之小者而言也龍之確有動處必得下砂橫攔逆拖有鎖處而後有動處非若軍州大地不用砂關發福久水口相交不用砂也全圩之內只看其港水濱水一曲一折一闊一狹凡所謂穿田過峽高低尺寸收來拱來魚鱗疊浪不必枝節求之而自能瞭如指掌特以軍州相較力量懸殊焉其動小者則小用之而已夫下砂在消水一邊既重下砂則來水去水必有間矣姜氏謂向上之水不論去來大抵謂來去均要合卦均宜就旺不得以去水忽之即龍要合向

向合水之義也向上指向之左右非謂對去水也夫去水非不可向必去水短闊下砂兜抱斯爲合法姜氏不兼下砂立論終有語病無怪近世不問下砂何如竟有整對去水而立向者坐空之義所以解俗學撐頂後龍之惑而世乃有立沿邊蘸水之穴者又有誤解水來即是龍到謂收坤水便是坤龍收壬水便是壬龍更有誤解江南龍來江北望謂收坤水便是艮龍收壬水便是丙龍是前人專就平洋水法指明看地捷徑而後人反因捷徑走入迷途種種僻見自誤誤人可勝悼哉是書之論理氣重在配合帶說衰

旺其曰知其衰旺生與死但逢死氣皆無取夫得運爲旺失運爲衰得運而兼得令者爲生失運而又與令相反者爲死生旺固可用而衰亦尙可取但不能驟期吉效故曰生旺有吉休囚否也若死氣則一無可取上文生旺衰死並提而下文所云無取則單指死氣不兼衰論其命意從可知也其曰生尅制化須熟記配合生生妙處尋夫龍以生爲生水以尅爲生龍不當旺而水合運則以水制之水不合運而龍當旺則以龍化之然非勉強生尅制化必由卦理自然配合所謂生生妙處也卷中諸法俱備無一遺漏引

而申之觸類而長之地理之能事畢矣而少之者或曰是理氣書耳不知推原父母眞理氣即是眞巒頭凡山地幹龍平洋幹水都屬父母卦故來源無取屈曲去口不用砂關是形勝而兼以勢勝者固無論已即以支水所結小地觀之古不云乎貪外局而脫內局倚傍別家門戶有內局而無外局依稀小就規模而倒排則內外兼收其來水之之元去水之曲折上下砂之左抱右抱試將順逆四十八局按卦推圖何等理氣何等巒頭自當了悟乃蔣子患三合之亂眞而作辨正而不知近時之患即在三元之奧余故有

是集註也但無楊公一番鄭重秘密於前前人得之而不爲貴無蔣子一翻反覆推詳於後後人慕之而不能信然則是書之顯晦豈人事之偶然乎哉

附考孔穎達曰原夫易理難窮實係玄之又玄至於垂範作則便是有而教有若論住內住外之空就氣就局之說斯乃義涉於釋氏非爲教於孔門也按卷中元空二字取義本此○繫辭本義六爻初二爲地三四爲人五上爲天胡氏一桂曰上下體雖相應其實陽爻與陰爻應陰爻與陽爻應若皆陽皆陰雖居相應之位則亦不應也吳氏澄曰

吉凶悔吝象人事之得失憂虞變化剛柔象天地陰陽之晝夜進退是六爻兼有天地人之道也按前一說重比爻後兩說重應爻周易折中三說並存今都天寶照以初四為天二五為人三上為地是重應爻兼卽吳氏六爻各具三才之說而專以一索再索三索分獲數之遲速也○程子曰有理而後有象有象而後有數得其義則象數在其中矣必欲窮象之隱微盡數之毫忽乃尋流逐末術家之所尚非儒者之所務也管輅郭璞之學是也按蔣氏推原管璞本此○朱子曰先天圖非某之

說乃康節之說非康節之說乃希夷之說非希夷之說乃孔子之說當時諸儒既失其傳而方外之流陰相付受以爲丹竈之術至希夷康節乃反之於易而後其說始得復明於世按蔣傳引證丹術本此〇史記天官書斗爲帝車運爲中央臨制四鄉分陰陽定四時均五行移節氣漢書北斗天之喉舌斟酌元氣運平四時晉書天文志曰魁一星天樞主天二曰璇主地三曰機主人四曰權主時五曰玉衡主音六曰開陽主律七曰瑤光主星春秋運斗樞曰北斗七星一至四爲魁五至七爲杓

杓合爲斗居陰佈陽故稱北極叢書天官考北斗只七星或曰九星爲九州象其二星常隱而不見按上五說並無貪狼等名又考儀象志三垣十二次舍紫微垣中有四輔上輔少輔文昌四星而無貪狼諸星之名原術家九星之說所以盡水火木金土五星形體之變局用之理氣不過代一二三四五六七八九數目而已卷中所論挨星如二運龍水或挨左收作三運或挨右收作四運只就小地權取合運並無出神入化處而傳註家曰九星乃七政之根源曰此中隱然有挨星口訣曰此又

挨星秘中之秘未免故作神奇言過其實蓋九運極重而非九星之謂也○周易說卦傳乾天也故稱乎父坤地也故稱乎母震一索而得男故謂之長男巽一索而得女故謂之長女坎再索而得男故謂之中男離再索而得女故謂之中女艮三索而得男故謂之少男兌三索而得女故謂之少女按卷中稱父母子息長男少女本此○邵子曰天根月窟常來往三十六宮都是春凡乾一兌二離三震四巽五坎六艮七坤八總得三十六數震坎艮卦中之陽爻爲天根巽離兌卦中之陰爻爲月

竊按卷中稱天根月窟本此〇丹鉛總錄九宮七色之說乾鑿度云伏羲時龍馬出河戴九履一左三右七二四爲肩六八爲足五居其中謂之九宮其色則一六八爲白二黑三碧四綠五黃七赤九紫又唐會要歷中九宮天蓬星太一坎水白天內星攝提坤土黑天衝星軒轅震木碧天輔星招搖巽木綠天禽星天符中土黃天心星青龍乾金白天柱星咸池兌金赤天任星太陰艮土白天英星太乙離火紫按卷中稱一白二黑三碧四綠五黃六白七赤八白九紫本此〇朱爾謨曰世有青囊

天玉寶照諸經註者不下數十百家閱之令人神倦自蔣註出而耳目爲之改觀迨直解成而疑團爲之頓釋我不能盡世人而必其能信之否耶然兩宮雜亂之處兩儀差錯之地去其太甚切宜謹避庶不枉章子一片婆心也